ESO 2
LENGUA Y LITERATURA

Unidades 5 a 8

W0289015

Inclusión
Incluimos a todo el alumnado en nuestras aulas.

Rigor
Aprendemos y trabajamos con rigor y creatividad.

Interdisciplinariedad
Relacionamos y aplicamos lo que aprendemos.

Familia
La gran colaboradora en el aprendizaje.

Pensamiento crítico
Fomentamos la diversidad de pensamiento.

Aprendizaje cooperativo
Cooperamos para afrontar tareas.

Las TIC
Usamos las nuevas tecnologías para conectarnos con nuestro mundo.

Competencias
Afrontamos desafíos en los que ponemos en práctica nuestras competencias.

Emprendimiento
Emprendemos para cambiar nuestro entorno.

Evaluación
Ofrecemos la más completa, ambiciosa e innovadora gama de herramientas para la evaluación.

ANAYA

APRENDER ES CRECER EN CONEXIÓN es un proyecto educativo de Anaya Educación para el segundo curso de la ESO.

En la realización de este libro han intervenido:

- **Coordinación editorial:** Carmen Carrasco
- **Edición:** Carmina Pérez, Isabel García y Belén Martínez
- **Diseño:** Dirección de arte: Javier Serrano. Cubierta: Patricia Gómez Serrano. Interiores: Marta Gómez Peso y Paco Martín. Desarrollo gráfico de cubierta: Juan Carlos Quignon
- **Gráficos:** Miguel Ángel Díaz-Rullo
- **Ilustraciones:** Esther Gili
- **Maquetación:** Encarna Miranda, Aurora Martín y Seshat producción gráfica y visual
- **Corrección:** Miguel Ángel Alonso
- **Cartografía:** Rosario Regaño y José M.ª Gil
- **Edición gráfica:** Mar Merino
- **Fotografías:** Acionline, Agefotostock, Agencia EFE, Album, Archivo Anaya (Candel, C.; Cosano, P.; Cruz, M.; Enríquez, S.; García Pelayo, Á.; Hernández, B.; Hidalgo-Lopesino, Leiva, Á.; Lezama, D.; Martín, J.; Martín, J. A.; Padura, S.; Peña Tejera, G.; Peñuela, E.; Pozo , M.; Ruiz, J. B.; Ruiz Pastor, L.; Sánchez, J.; Sanguinetti, J. A.; Steel, M.; Velasco, P.), Corrales de Comedias, Almagro, Getty, Gtres-online, F.G.V. (Ferrocarrils de la Generalitat Valenciana), Thinkstock, 123RF.

  Agradecimientos: Instituto de Educación Secundaria Sapere Aude, Villanueva del Pardillo (Madrid), Marina Cuesta, Saya Ikenoya, Paula Lucía Fernández, Regina Vara, Berta del Real, Silvia Ferreiro y Sainza Seivane.

Las normas ortográficas seguidas en este libro son las establecidas por la Real Academia Española en la *Ortografía de la lengua española,* publicada en el año 2010.

Nuestras publicaciones mantienen el rigor en el uso y en la selección de los contenidos, en las imágenes y en el lenguaje, para cumplir con la **no discriminación** por razón de género, cultura u opinión.

Los enlaces a las páginas web que aparecen referenciados en este libro han sido revisados y comprobados en la fecha de su impresión. La editorial no se hace responsable de las modificaciones o anulaciones que se produzcan en ellos con posterioridad a esta fecha.

IMPORTANTE. Las actividades propuestas en este libro deben ser realizadas en cuadernos u hojas sueltas; **nunca en el propio libro.**

© Del texto: Salvador Gutiérrez Ordóñez, Joaquín Serrano Serrano, Desirée Pérez Fernández, Remedios Luna Fernández, 2016.
© Del conjunto de esta edición: GRUPO ANAYA, S.A., 2019 - C/ Juan Ignacio Luca de Tena, 15 - 28027 Madrid
ISBN: 978-84-698-1420-8 - Depósito Legal: M-1853-2016 - Printed in Spain.

Reservados todos los derechos. El contenido de esta obra está protegido por la Ley, que establece penas de prisión y/o multas, además de las correspondientes indemnizaciones por daños y perjuicios, para quienes reprodujeren, plagiaren, distribuyeren o comunicaren públicamente, en todo o en parte, una obra literaria, artística o científica, o su transformación, interpretación o ejecución artística fijada en cualquier tipo de soporte o comunicada a través de cualquier medio, sin la preceptiva autorización.

ET029881/1E4I - 8430056

ÍNDICE

CONTENIDOS DEL CURSO

Lengua	Taller de lengua	Ortografía	Emprender
• La comunicación	• La lectura en voz alta	• Las reglas generales de acentuación	• Un concurso de monólogos
• La palabra	• La narración oral	• La acentuación de diptongos, triptongos e hiatos	• Una autobiografía lectora
• La palabra y su significado	• La descripción oral	• Casos especiales de acentuación	• Un álbum de botánica
• El origen de las lenguas de España	• Las indicaciones orales para un itinerario	• La letra *g* y la letra *j*	• La elaboración de un organigrama
• El sintagma y la oración	• La conversación	• La letra *h*	• Un coloquio
• El sintagma nominal, adjetival y adverbial	• La grabación de un anuncio publicitario	• Palabras homófonas con o sin *h*	• Un estudio estadístico
• El sintagma verbal (I): el complemento directo e indirecto	• La elaboración de avisos por megafonía	• La letra *b* y la letra *v*	• Un itinerario en diversos medios de transporte
• El sintagma verbal (II): el complemento de régimen y los complementos circunstanciales	• Un concurso de chistes	• Palabras homófonas con *b* y con *v*	• El cartel publicitario
• El sintagma verbal (III): el atributo y el predicativo	• La narración de un cuento tradicional	• El dígrafo *ll* y la letra *y*	• Una biblioteca de aula
• Las clases de oraciones (I)	• Una exposición de proverbios y refranes del mundo	• Los parónimos con *ll* y con *y*	• Una visita guiada a un museo de arte
• Las clases de oraciones (II)	• Un recital de poesía	• La raya, los paréntesis y los corchetes	• Un suplemento cultural
• El análisis sintáctico	• La dramatización de un texto teatral	• El guion y las comillas	• Una guía de ocio

ASÍ ES TU LIBRO

1 La apertura de la unidad

- Cada una de las doce unidades de este libro comienza con un **breve texto literario** a partir del cual se plantean unas preguntas, que pueden abordarse de **forma cooperativa.**

  El objetivo del diálogo que se puede producir en el aula es motivar a los alumnos y a las alumnas y detectar las ideas previas.
- La distribución de estos contenidos se detalla en el apartado **En esta unidad vais a trabajar,** con el fin de que el alumnado pueda consultarlos con comodidad.
- Algunas de las actividades de la unidad llevan asociadas un **icono** que sugiere la metodología que puede aplicarse para su resolución.

2 Lectura y análisis del texto

- Cada una de las unidades comienza con una lectura, que el alumnado puede escuchar primero y leer después.
- De esta manera, mediante el audio y la lectura, los alumnos y las alumnas pueden desarrollar las destrezas básicas relacionadas con la **comprensión oral** y **escrita.**
- La realización de las actividades de análisis del texto potenciará el **pensamiento crítico.**

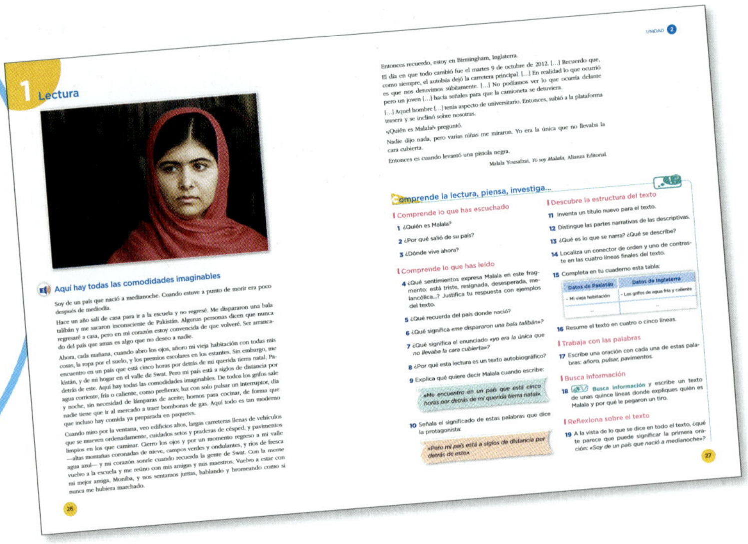

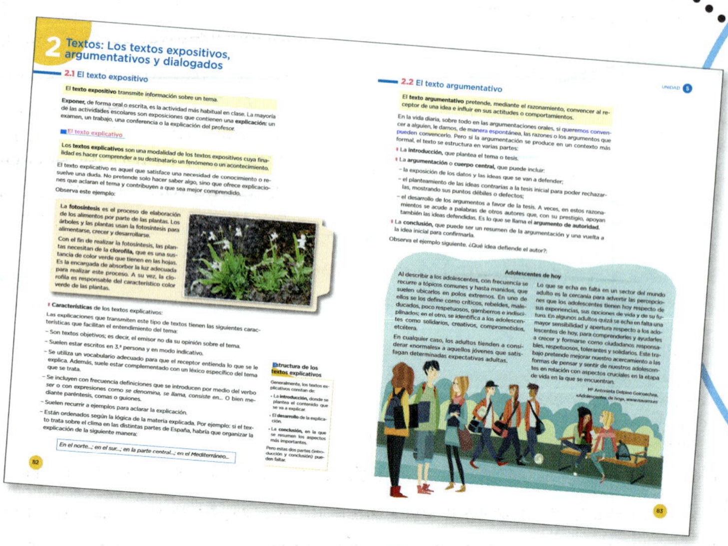

3 Textos/Literatura

- Este apartado aborda los contenidos dedicados al estudio de los distintos tipos de textos: **literarios** y **no literarios.**
- En el **Taller de escritura** se invita a los alumnos y a las alumnas a componer un texto de la misma tipología que se ha estudiado.
- Previamente se han repasado los contenidos mediante las actividades del apartado **Refuerza lo que has aprendido** y se ha trabajado el **vocabulario** de distintos temas.

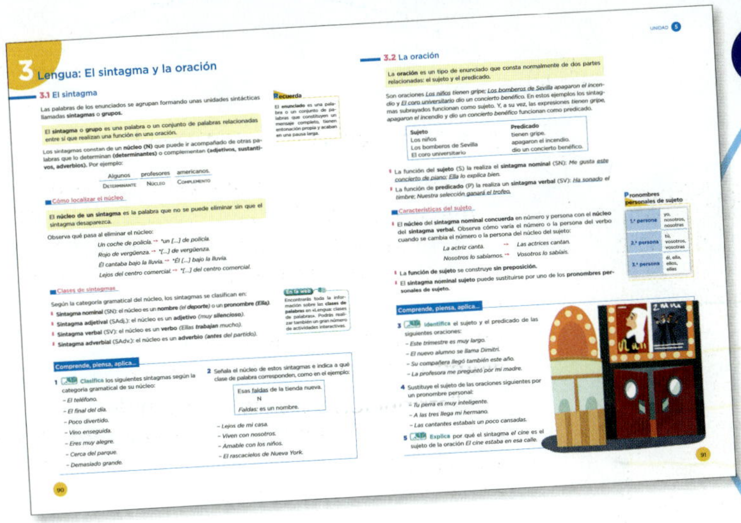

4 Lengua

- En este apartado se estudiarán conceptos de Morfología, Sintaxis, Sociolingüística y Ortografía.
- En el **Taller de lengua,** además de repasar lo que se ha visto en clase en **Refuerza lo que has aprendido,** el alumnado practicará el uso adecuado de la lengua y la **expresión oral.**
- En alguna ocasión, el texto que aparece en este apartado puede también escucharse, por lo que, de nuevo, desde este material se atiende a la **comprensión oral.**

5 Ortografía

- En este último apartado del libro, los alumnos y las alumnas estudiarán las «reglas de uso de algunas letras», las «reglas generales de acentuación» y algunos «signos de puntuación».
- La tarea que permite al alumnado la fijación de estas reglas consiste en la realización de una gran número de actividades:
  - Primero en **Comprende, piensa, aplica...** mediante preguntas de respuesta directa.
  - Después en **Practica con un texto** se trabajan las reglas a partir de un texto.

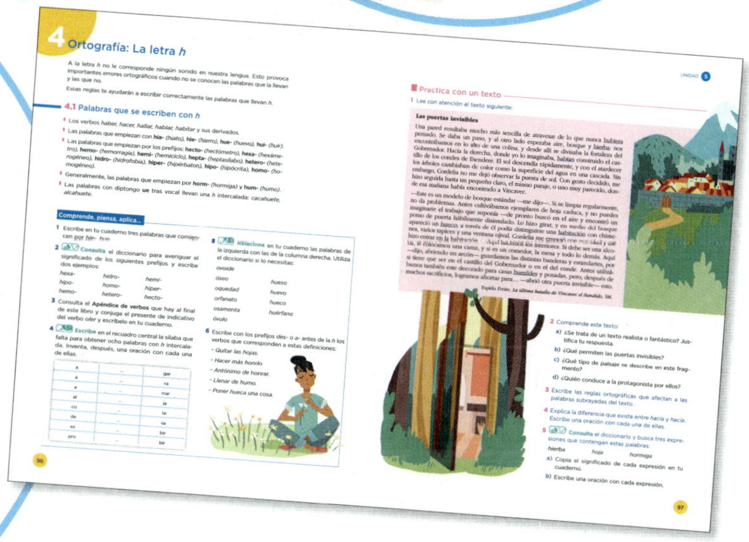

6 Emprender y aprender

- El apartado **Emprender y aprender** trata de potenciar la creatividad, la autoestima, la responsabilidad, la motivación y la planificación a través de una situación inicial que plantea un problema que el alumnado debe resolver individualmente o en grupo.
- Utilizar fuentes de información variadas, participar y respetar el trabajo individual y en equipo y exponer y defender el proyecto realizado forma parte de los objetivos de esta página.

La web del alumnado y de la familia en anayaeducacion.es

¿Qué es? Un espacio lleno de recursos digitales para mejorar tu aprendizaje.

¿Cómo accedo? Regístrate en nuestra web e introduce el número de licencia que encontrarás al abrir este libro.

¿Cuándo accedo? Cuando el icono indique que en **www.anayaeducacion.es** dispones de recursos relacionados con el contenido que estás estudiando. Y, por supuesto, visita la web siempre que quieras descubrir y aprender más.

5

Somos animales de costumbres

El hombre es un «animal de costumbres», es decir, tenemos la tendencia a hacer las cosas siempre del mismo modo [...].

Esto lo hacemos porque el cuerpo necesita tener claro «qué toca ahora», y si le cambiamos cada día la hora de dormir o comer, se hace un lío y «nos sienta mal».

Lo mismo sucede con el estudio. Hay quien se queja de «distraerse» demasiado y ser incapaz de concentrarse. Esto puede ser una realidad, pero la causa no es que unos sean estudiosos «por naturaleza» y otros no, sino que unos «se habitúan» o acostumbran a estudiar y otros no.

Para habituarse a algo, es necesario repetirlo una y otra vez, al principio, hasta que [...] pase a ser «habitual», incluso hasta necesario.

J. Mahíllo, *¿Sabes estudiar? Método para aprobar a la primera,* Espasa Calpe.

Hablamos antes de empezar

- ¿Qué tipo de texto es este fragmento: expositivo, argumentativo o dialogado?
- ¿De qué clase son los sintagmas subrayados?
- ¿Qué regla ortográfica afecta a la escritura de estas palabras del texto: *hacemos, hay?*

En esta unidad vais a trabajar

1 La lectura y el comentario de un texto dialogado.

2 Los textos expositivos, argumentativos y dialogados.

3 El sintagma y la oración.

4 El uso de la letra *h.*

1 Lectura

Tienes que seguir siendo jefe

—Debería renunciar a ser jefe. Tú escúchales.

—¡No, Ralph! ¡Por favor!

Piggy apretó el brazo de Ralph.

—Si Jack fuese jefe no haríamos otra cosa que cazar, y no habría hoguera. Tendríamos que quedarnos aquí hasta la muerte.

Su voz se elevó en un chillido.

—¿Quién está ahí sentado?

—Yo, Simon.

—Pues vaya un grupo que hacemos —dijo Ralph—. Tres ratones ciegos. Voy a renunciar.

—Si renuncias —dijo Piggy en un aterrado murmullo—, ¿qué me va a pasar a mí?

—Nada.

—Me odia. No sé por qué; pero si se le deja hacer lo que quiere… A ti no te pasaría nada, te tiene respeto. Además, tú podrías defenderte.

—Tú tampoco te quedaste corto hace un momento en esa pelea.

—Yo tenía la caracola —dijo Piggy sencillamente—. Tenía derecho a hablar.

Simon se agitó en la oscuridad.

—Sigue de jefe.

—¡Cállate, Simon! ¿Por qué no fuiste capaz de decirles que no había ningún monstruo?

—Le tengo miedo —dijo Piggy— y por eso le conozco. Si tienes miedo de alguien le odias, pero no puedes dejar de pensar en él. Te engañas diciéndote que de verdad no es tan malo, pero luego, cuando vuelves a verle… es como el asma, no te deja respirar. Te voy a decir una cosa. A ti también te odia, Ralph.

Argumento

El argumento de la novela *El señor de las moscas* es el siguiente: el avión en el que viajan unos chicos británicos se estrella en una isla desierta. Los niños son los únicos supervivientes y se ven obligados a sobrevivir sin ningún adulto. Ralph y Piggy, dos de los chicos mayores, encuentran una caracola y la hacen sonar para reunir al resto de los supervivientes. Desde ese momento, la caracola será utilizada como símbolo de autoridad y derecho a la palabra, convocando a todos a una asamblea cuando la situación lo requiera. Ralph es elegido como líder del grupo, pese a que Jack, otro de los chicos más fuertes, deseaba ser el jefe.

—¿A mí? ¿Por qué a mí?

—No lo sé. Le regañaste por lo de la hoguera; además, tú eres jefe y él no.

—¡Pero él es… él es Jack Merridew!

—Me he pasado tanto tiempo en la cama que he podido pensar algo. Conozco a la gente. Y me conozco. Y a él también. A ti no te puede hacer daño, pero si te echas a un lado, le hará daño al que tienes más cerca. Y ese soy yo.

—Piggy tiene razón, Ralph. Estáis tú y Jack. Tienes que seguir siendo jefe.

William Golding, *El señor de las moscas*, Alianza Editorial.

Comprende la lectura, piensa, investiga…

Comprende lo que has escuchado

1 ¿Cuántos personajes conversan en este texto?

2 ¿Cuáles son sus nombres?

3 Los personajes mencionan también a otro chico al que Piggy le tiene miedo. ¿Cómo se llama?

Comprende lo que has leído

4 ¿Qué pasaría, según Piggy, si el jefe fuese Jack?

5 ¿Por qué cree Piggy que Jack también odia a Ralph?

6 En un momento del diálogo, Piggy dice que *«él tenía la caracola»*. ¿Qué significaba tener la caracola?

7 Localiza en el texto un ejemplo de las funciones del lenguaje referencial, emotiva y conativa.

Descubre la estructura del texto

8 Cuenta los turnos de palabra de cada uno de los tres personajes, es decir, ¿cuántas veces habla Ralph, cuántas habla Piggy, y cuántas, Simon?

9 En una conversación se suelen distinguir tres partes:

- Una primera en la que se saludan los interlocutores.
- Una segunda, en la que se plantea el cuerpo central de la conversación.
- Una tercera que incluye una fórmula de despedida.

¿A cuál de estas tres partes corresponde el texto?

10 Imagina cómo podrían ser las partes que faltan en la conversación que reproduce el texto y escríbelas.

11 Escribe los pronombres que hacen referencia a Ralph y a Piggy en el texto y que contribuyen a su cohesión.

12 ¿Cuál es la idea que abre y cierra el texto?

13 Resume el fragmento en cinco o seis líneas.

Trabaja con las palabras

14 Escribe antónimos de estas palabras del texto: *jefe, muerte, sentado, renuncias, regañaste.*

15 Las palabras clave de un texto son aquellas que se repiten y dan la pista de cuál puede ser su tema. ¿Cuál crees que es la palabra clave de esta lectura?

Busca información

16 **Busca información** sobre la obra *El señor de las moscas*, explica cuál es el tema de la novela y completa el argumento.

Reflexiona sobre el texto

17 ¿Qué cualidades crees que debe tener un buen líder? ¿En qué errores no debe caer?

Fotograma de la versión cinematográfica de *El señor de las moscas*, 1990.

2 Textos: Los textos expositivos, argumentativos y dialogados

2.1 El texto expositivo

El **texto expositivo** transmite información sobre un tema.

Exponer, de forma oral o escrita, es la actividad más habitual en clase. La mayoría de las actividades escolares son exposiciones que contienen una **explicación:** un examen, un trabajo, una conferencia o la explicación del profesor.

El texto explicativo

Los **textos explicativos** son una modalidad de los textos expositivos cuya finalidad es hacer comprender a su destinatario un fenómeno o un acontecimiento.

El texto explicativo es aquel que satisface una necesidad de conocimiento o resuelve una duda. No pretende solo hacer saber algo, sino que ofrece explicaciones que aclaran el tema y contribuyen a que sea mejor comprendido.

Observa este ejemplo:

La **fotosíntesis** es el proceso de elaboración de los alimentos por parte de las plantas. Los árboles y las plantas usan la fotosíntesis para alimentarse, crecer y desarrollarse.

Con el fin de realizar la fotosíntesis, las plantas necesitan de la **clorofila,** que es una sustancia de color verde que tienen en las hojas. Es la encargada de absorber la luz adecuada para realizar este proceso. A su vez, la clorofila es responsable del característico color verde de las plantas.

Características de los textos explicativos:

Las explicaciones que transmiten este tipo de textos tienen las siguientes características que facilitan el entendimiento del tema:

- Son textos objetivos; es decir, el emisor no da su opinión sobre el tema.
- Suelen estar escritos en 3.ª persona y en modo indicativo.
- Se utiliza un vocabulario adecuado para que el receptor entienda lo que se le explica. Además, suele estar complementado con un léxico específico del tema que se trata.
- Se incluyen con frecuencia definiciones que se introducen por medio del verbo *ser* o con expresiones como *se denomina, se llama, consiste en...* O bien mediante paréntesis, comas o guiones.
- Suelen recurrir a ejemplos para aclarar la explicación.
- Están ordenados según la lógica de la materia explicada. Por ejemplo: si el texto trata sobre el clima en las distintas partes de España, habría que organizar la explicación de la siguiente manera:

En el norte...; en el sur...; en la parte central...; en el Mediterráneo...

Estructura de los textos explicativos

Generalmente, los textos explicativos constan de:

- La **introducción,** donde se plantea el contenido que se va a explicar.
- El **desarrollo** de la explicación.
- La **conclusión,** en la que se resumen los aspectos más importantes.

Pero estas dos partes (introducción y conclusión) pueden faltar.

2.2 El texto argumentativo

El **texto argumentativo** pretende, mediante el razonamiento, convencer al receptor de una idea e influir en sus actitudes o comportamientos.

En la vida diaria, sobre todo en las argumentaciones orales, si queremos convencer a alguien, le damos, de manera espontánea, las razones o los argumentos que pueden convencerlo. Pero si la argumentación se produce en un contexto más formal, el texto se estructura en varias partes:

- La **introducción,** que plantea el tema o tesis.
- La **argumentación** o **cuerpo central,** que puede incluir:
  - la exposición de los datos y las ideas que se van a defender;
  - el planteamiento de las ideas contrarias a la tesis inicial para poder rechazarlas, mostrando sus puntos débiles o defectos;
  - el desarrollo de los argumentos a favor de la tesis. A veces, en estos razonamientos se acude a palabras de otros autores que, con su prestigio, apoyan también las ideas defendidas. Es lo que se llama el **argumento de autoridad.**
- La **conclusión,** que puede ser un resumen de la argumentación y una vuelta a la idea inicial para confirmarla.

Observa el ejemplo siguiente. ¿Qué idea defiende la autora?:

Adolescentes de hoy

Al describir a los adolescentes, con frecuencia se recurre a tópicos comunes y hasta manidos, que suelen ubicarlos en polos extremos. En uno de ellos se los define como críticos, rebeldes, maleducados, poco respetuosos, gamberros e indisciplinados; en el otro, se identifica a los adolescentes como solidarios, creativos, comprometidos, etcétera.

En cualquier caso, los adultos tienden a considerar «normales» a aquellos jóvenes que satisfagan determinadas expectativas adultas.

Lo que se echa en falta en un sector del mundo adulto es la cercanía para advertir las percepciones que los adolescentes tienen hoy respecto de sus experiencias, sus opciones de vida y de su futuro. En algunos adultos quizá se echa en falta una mayor sensibilidad y apertura respecto a los adolescentes de hoy, para comprenderles y ayudarles a crecer y formarse como ciudadanos responsables, respetuosos, tolerantes y solidarios. Este trabajo pretende mejorar nuestro acercamiento a las formas de pensar y sentir de nuestros adolescentes en relación con aspectos cruciales en la etapa de vida en la que se encuentran.

Mª Antonieta Delpino Goicoechea, «Adolescentes de hoy», *www.navarra.es*

Comprende, piensa, aplica...

1 Lee este texto y realiza las actividades:

Las plantas carnívoras

Para que una planta sea considerada carnívora tiene que cumplir tres condiciones: atraer, capturar y digerir a su víctimas. [...].

Para lograr estas tres condiciones, las plantas carnívoras poseen diferentes mecanismos. Los de atracción son comunes a los de otras plantas. El olor, el color o el sabor de algunos de sus órganos son razón suficiente para que las incautas víctimas se posen en ellos.

Los mecanismos para atrapar a sus presas son diversos y se clasifican en activos y pasivos. [...] La *Sarracenia* tiene forma de bolsa y los insectos son atraídos a la entrada mediante un rastro de néctar [...]. Pero los vegetales carnívoros más espectaculares son los dotados de mecanismos activos. La *Utricularia,* por ejemplo, es una planta acuática que vive en América. [...] Cuando un pequeño crustáceo o un minúsculo pez rozan los pelos táctiles situados a la entrada de la bolsa, el velo que cubre la entrada se abre y la víctima queda atrapada en el interior. [...]

Los procesos que se desarrollan en la digestión son también muy variados. Unas plantas producen jugos digestivos propios, mientras que en otros casos dependen de bacterias que son las que realmente se ocupan de disolver los cuerpos de las presas. [...]

Ricardo Gómez, *Selección de textos divulgativos,* Anaya.

a) Explica por qué este texto es explicativo.

b) ¿Qué características de este tipo de textos reconoces?

c) **Describe** la estructura de este texto. ¿Tiene las tres partes de un texto explicativo?

d) Resume el texto.

2 Lee este texto y realiza las actividades:

Aprender a moverse

Si las tendencias de la dieta infantil son un desastre, las de la actividad física no son mucho mejores. La actividad física aporta múltiples beneficios en niños y adolescentes y ofrecerles la posibilidad de practicar algún tipo de actividad física [...] es seguramente la mejor manera que tenemos de ayudarles a crecer sanos y felices.

Sabemos que la actividad física ayuda a evitar el sobrepeso, que reduce la tensión arterial, que aumenta el colesterol bueno, que mejora el bienestar psicológico de los niños, que les ayuda a adquirir confianza en sí mismos y a mejorar su autoestima. Sabemos también que los niños sedentarios tienden a convertirse en adultos sedentarios, mientras que los niños físicamente activos tienen más probabilidades de seguir siendo físicamente activos de mayores. Todo esto está demostrado en multitud de estudios.

Las pruebas de que la actividad física es beneficiosa son tan irrefutables que la Asociación Americana del Corazón recomienda que todos los niños mayores de cuatro años y todos los adolescentes practiquen por lo menos 30 minutos al día de una actividad física moderada y divertida y por lo menos 30 minutos de actividad intensa un mínimo de tres veces por semana.

Valentín Fuster, *La ciencia de la salud,* Planeta.

a) ¿De qué quiere convencernos el autor?

b) ¿Qué argumentos apoyan su idea?

c) Localiza un argumento de autoridad.

d) ¿Cuál es la conclusión de este texto argumentativo?

e) **Indica** los párrafos que corresponden a cada una de las partes de un texto argumentativo.

2.3 El texto dialogado

Los **textos dialogados** son aquellos en los que intervienen dos o más personas que se intercambian información entre ellas, alternando los turnos de palabra.

Los textos dialogados pueden ser orales o escritos, y en ellos se diferencia:

- El **diálogo espontáneo,** como la **conversación,** que se produce en situaciones que no se han previsto.
- El **diálogo planificado,** como la **entrevista** o el **debate,** que se realiza en situaciones programadas y formales.

Textos dialogados orales

En los **textos dialogados orales,** predomina la improvisación y la espontaneidad y se suele usar la lengua estándar y, a menudo, un registro informal.

Recuerda

La **lengua estándar** sirve de modelo para todos los hablantes de una lengua y, a partir de ella, se fija la **norma;** es decir, se fijan sus usos correctos.

El diálogo oral se acompaña de:

- **Elementos no lingüísticos,** como la mirada y los gestos de la cara, los movimientos de las manos y la postura del cuerpo.
- **Elementos paralingüísticos,** como es elevar o bajar el tono de voz, alargar las vocales, introducir carraspeos, pausas más o menos largas... Todo ello se utiliza con la intención de expresar dudas, indecisión, afirmaciones rotundas, sorpresa, etc.

Textos dialogados escritos

En los **textos dialogados escritos,** el autor intenta adaptar las intervenciones de los personajes a las características del lenguaje oral.

Al carecer de los elementos no lingüísticos (gestos, movimientos...) y de los paralingüísticos (tono, sonidos, carraspeos...), los diálogos escritos exigen aclaraciones en el texto que indiquen esos significados que se transmiten con la comunicación no verbal.

2.4 La conversación

La **conversación** es un intercambio espontáneo de mensajes orales entre varios interlocutores que alternan sus turnos de palabra.

El **turno de palabra** es la intervención de cada uno de los hablantes. En la conversación hay alternancia de turnos, pues si no la hay, se convierte en un monólogo.

La conversación puede ser reproducida por escrito en textos literarios. Por ejemplo:

—Don Víctor, yo necesito antes de hablar que usted me declare el estado de su ánimo…

—¿Qué quiere usted decir?

—Está usted pálido, visiblemente preocupado, bajo el peso de una gran disgusto…

Leopoldo Alas «Clarín», *La Regenta*. Alianza editorial.

Estatua ubicada en Oviedo que representa a Ana Ozores, «La Regenta», la protagonista de la novela del mismo nombre.

Características de la conversación
• Intervienen al menos dos personas, que se alternan en el uso de la palabra.
• Las intervenciones son espontáneas, no están planificadas ni organizadas.
• Los interlocutores intercambian su información de manera directa, por ejemplo en la calle, o indirecta, por ejemplo a través del teléfono.

Estructura de la conversación

La conversación tiene, al menos, tres partes:

- La **apertura** o **inicio,** que suele consistir en un saludo o en una pregunta.
- El **cuerpo,** que es la parte central de la conversación, en la que se trata uno o varios temas.
- El **final** o **cierre,** en el que la conversación acaba con fórmulas de despedida.

Principios y normas de la conversación

Los participantes de una conversación deben intentar que esta transcurra de forma correcta. Para ello, deben tener en cuenta los siguientes principios y normas:

- El **principio de cooperación,** que intenta facilitar el intercambio de información con el interlocutor o la interlocutora. Este principio se consigue mediante tres normas:
  - decir en cada momento solo lo que se debe decir, sin extenderse en detalles innecesarios;
  - hablar de temas que tengan que ver con lo que se está diciendo;
  - ser claro, breve y ordenado.
- El **principio de cortesía,** que permite que las relaciones sociales entre los interlocutores sean correctas. Las normas que desarrollan este principio son:
  - suavizar las críticas y remarcar las alabanzas del otro;
  - amplificar el acuerdo y minimizar el desacuerdo con el interlocutor o interlocutora;
  - resaltar la simpatía y disimular la antipatía, si existiera.

El chat

La palabra *chat* proviene del inglés, y significa 'charla'.

Según el diccionario de la RAE, el chat es un «intercambio de mensajes electrónicos a través de Internet que permite establecer una conversación entre dos o varias personas».

El chat puede ser público, cuando cualquier usuario puede acceder y ver la conversación, y privado, si la comunicación se ciñe a un número determinado de interlocutores.

Generalmente, los mensajes de chat se acompañan de emoticonos, que el DRAE define como «una representación de una expresión facial […] para aludir al estado de ánimo del remitente».

2.5 El debate

Un **debate** es una conversación organizada y regulada por un moderador, en la que participan varias personas para tratar sobre algún asunto polémico (social, político, científico...).

Una variante del debate es la **mesa redonda,** en la que, también coordinados por un moderador, cada participante expone durante unos minutos su punto de vista sobre la cuestión planteada. Al final suele haber preguntas del público.

Partes del debate
• Una **presentación** de los participantes y del tema, a cargo del moderador.
• El **debate propiamente dicho,** o serie de manifestaciones, con sus réplicas, preguntas, ampliaciones, contestaciones, precisiones, etc.
• El **final,** en el que el moderador hace una valoración y un resumen final de lo tratado.

Aspectos importantes

En los debates es importante:

- Guardar los turnos de palabra, sin interrumpir a los otros, y escuchar lo que dicen para poder argumentar a favor o en contra.
- No manifestar opiniones muy rígidas ni utilizar argumentos y datos falsos.
- No insultar o amenazar a los interlocutores.
- Ser participativo y constructivo.

Comprende, piensa, aplica...

3 Lee el texto siguiente:

El café estaba abarrotado [...]; al ser un café de artistas, yo creí que habría tanto mujeres como hombres. Pero [...] por allí no andaban ni Sara Montiel, ni Carmen Sevilla, ni Ana Mariscal. [...] Pero de pronto, descubrí un rostro y exclamé, muy excitado:

—¡Mira, mira, mira! Ese es Buero Vallejo, Antonio Buero Vallejo. En la mesa que está frente a nosotros, no. En la de más allá.

—¿Y quién dices que es?

—Buero Vallejo.

—Ya. Pero ¿quién es?

—Ese flaco, de la cara seria... El de la pipa.

Impaciente y nerviosa, dijo Rosi:

—Ya le veo, ya. Pero que quién es.

—Buero Vallejo.

—¡Pero que quién es Buero Vallejo, [...] que a veces no entiendes nada! [...]

—Es un autor de los más importantes.

—¡Mira, mira! —me advirtió Rosi con la emoción del cazador que descubre una pieza—. Allí, en la barra, está Francisco Rabal.

—Es verdad. Y el que está con él es Fernando Rey.

—¡Anda, y decíamos que no había ninguno!

Fernando Fernán-Gómez, *El viaje a ninguna parte,* M-Bibliotex.

4 Realiza estas actividades sobre el texto:

a) ¿Qué características de la conversación tiene este diálogo escrito?

b) ¿Quiénes son los interlocutores? ¿Cuántos turnos de palabra corresponden a cada uno de ellos?

c) ¿De qué están hablando?

d) **Imagina** que este diálogo no fuera escrito, sino oral. ¿Qué elementos no lingüísticos acompañarían a las intervenciones de Rosi?

5 **Transforma** en un diálogo escrito una conversación que hayas oído a dos compañeros.

6 De todas las normas que rigen una conversación correcta, ¿cuál te parece más importante? ¿Por qué?

7 Escucha en la radio o en la televisión un debate y explica los puntos siguientes:

- ¿Cuál es el tema que trata?
- ¿Cuántos interlocutores participan? ¿Hay un moderador?

Taller de escritura

Refuerza lo que has aprendido

1 Indica qué tipo de texto sería el más adecuado en cada una de estas situaciones: el explicativo, el argumentativo o el dialogado:

- Entrevistar a un actor famoso.
- Explicar las características de un texto narrativo.
- Convencer a tu amigo para que te acompañe.
- Intervenir en un mitin político.
- Responder a la pregunta: ¿qué es y para qué sirve una válvula de escape?
- Debatir en clase sobre los beneficios del deporte.

2 Lee este texto y realiza las actividades:

Ya estamos muy cerca de la Conferencia de París sobre el Clima 2015, una cita que será definitoria para la suerte del planeta Tierra. Hoy día están confirmados plenamente a nivel científico los efectos del cambio climático en el calentamiento de la tierra, obra de un desarrollo que durante 200 años solo miró las cifras de avance y progreso, sin advertir los impactos negativos que se estaban produciendo en la naturaleza y la vida del ser humano.

Todo indica que se está avanzando en muchos aspectos para lograr acuerdos, especialmente tras la última reunión en Lima y los anuncios de Barak Obama y Xi Jinping en noviembre pasado. Pero hay un vacío que impregna los documentos preparatorios: poco o nada se habla del clima sano como un derecho humano. Y este no es un asunto menor, porque determina el enfoque que tendrán las estrategias futuras.

Para decirlo con claridad, lo que está en cuestión es la supervivencia del ser humano en este planeta, no la suerte del planeta. Este puede seguir existiendo, pero en condiciones que hagan muy difícil la vida de hombres y mujeres sobre la Tierra. [...]

Ricardo Lagos, *www.elpais.es*

a) ¿Qué critica el autor en este artículo?

b) **Extrae** del texto los argumentos o ideas que muestran el punto de vista de Ricardo Lagos.

Amplía tu vocabulario: La actividad física

3 Relaciona en tu cuaderno cada deporte con su definición:

Barranquismo	Combatir manejando espadas, sables...
Alpinismo	Luchar dando golpes secos con la mano, el codo o el pie.
Kárate	Descender por el curso del río.
Atletismo	Ascender a altas montañas.
Esgrima	Realizar ejercicios de velocidad, saltos y lanzamiento.

4 Indica en qué deportes o actividades físicas se emplean estos objetos: *volante, disco, plinto, mazas.*

5 **Busca información** y explica en qué consisten estas actividades típicas de los gimnasios: *pilates, yoga,* GAP, *aeróbic,* spinning, boxing.

6 Clasifica estas actividades según el medio terrestre, acuático o aéreo en que se desarrollan:

surf	*natación*
esquí	*senderismo*
equitación	*submarinismo*
waterpolo	*paracaidismo*
parapente	*aeromodelismo*

Escribe un texto explicativo

Toma este texto como modelo

La actividad deportiva

Activitas es un vocablo latino que llegó al castellano como *actividad*. La noción suele utilizarse con referencia a la acción o la diligencia que lleva adelante un individuo o una entidad. *Deportivo,* por su parte, es un adjetivo que alude a lo relacionado con el deporte (la competencia o el juego sujeto a reglas y que requiere entrenamiento para perfeccionarse en su práctica).

Las actividades deportivas son aquellas que suponen la práctica de una de estas disciplinas. Como parte de un deporte, estas actividades deben enmarcarse en un cierto reglamento. El fútbol, por ejemplo, obliga a los jugadores a no poder tocar el balón con las manos, excepto en situaciones especiales (como en un saque de banda, también conocido como lateral) o en el caso del arquero (portero o guardameta). Por lo tanto, quien desea practicar esta actividad deportiva, debe adaptarse a esa y a otras reglas.

Puede decirse que las actividades deportivas son actividades físicas: siempre requieren algún grado de esfuerzo para mover el cuerpo y hacer frente a las exigencias de la disciplina. Para practicar tenis, una persona debe desarrollar buena musculatura en sus brazos y manos para impactar la pelota, además de tener resistencia para correr a lo largo del partido.

Aunque muchas veces se confunde entre las actividades deportivas y los juegos, uno de los rasgos distintos del deporte es que implica la búsqueda de un resultado. Los sujetos que realizan actividades deportivas, de este modo, compiten entre sí. De todas maneras, es habitual que, excepto entre profesionales, las actividades deportivas se desarrollen con fines lúdicos y de ocio.

www.definición.de

Escribe un texto explicativo

Busca información y escribe un texto explicativo en el que desarrolles el siguiente tema: **¿Qué es la alergia?**

Debes tener en cuenta:

- ✓ **La presentación del escrito:** ten cuidado con los márgenes, el tipo de letra, los párrafos y no te olvides de subrayar lo más importante.
- ✓ **La claridad:** comienza el texto con una explicación inicial que desarrollarás en los párrafos posteriores. Utiliza un vocabulario sencillo y elige oraciones cortas en tu redacción.
- ✓ **La concisión:** sé breve y evita lo secundario.
- ✓ **La rigurosidad:** utiliza el vocabulario técnico necesario para nombrar los conceptos especializados de la materia.
- ✓ **La revisión final:** corrige las faltas de ortografía, la presentación y las posibles incoherencias.

Recuerda

Si lo necesitas, utiliza el diccionario para elegir un vocabulario preciso y concreto.

3 Lengua: El sintagma y la oración

3.1 El sintagma

Las palabras de los enunciados se agrupan formando unas unidades sintácticas llamadas **sintagmas** o **grupos.**

El **sintagma** o **grupo** es una palabra o un conjunto de palabras relacionadas entre sí que realizan una función en una oración.

Los sintagmas constan de un **núcleo (N)** que puede ir acompañado de otras palabras que lo determinan **(determinantes)** o complementan **(adjetivos, sustantivos, adverbios).** Por ejemplo:

Algunos	profesores	americanos.
DETERMINANTE	NÚCLEO	COMPLEMENTO

Recuerda

El **enunciado** es una palabra o un conjunto de palabras que constituyen un mensaje completo, tienen entonación propia y acaban en una pausa larga.

Cómo localizar el núcleo

El **núcleo de un sintagma** es la palabra que no se puede eliminar sin que el sintagma desaparezca.

Observa qué pasa al eliminar el núcleo:

Un coche de policía. → **un [...] de policía.*

Rojo de vergüenza. → **[...] de vergüenza.*

Él cantaba bajo la lluvia. → **Él [...] bajo la lluvia.*

Lejos del centro comercial. → **[...] del centro comercial.*

Clases de sintagmas

Según la categoría gramatical del núcleo, los sintagmas se clasifican en:

- **Sintagma nominal** (SN): el núcleo es un **nombre** *(el **deporte**)* o un **pronombre** ***(Ella)***.
- **Sintagma adjetival** (SAdj.): el núcleo es un **adjetivo** *(muy **silencioso**)*.
- **Sintagma verbal** (SV): el núcleo es un **verbo** *(Ellas **trabajan** mucho)*.
- **Sintagma adverbial** (SAdv.): el núcleo es un **adverbio** *(**antes** del partido)*.

En la web

Encontrarás toda la información sobre las **clases de palabras** en «Lengua: clases de palabras». Podrás realizar también un gran número de actividades interactivas.

Comprende, piensa, aplica...

1 **Clasifica** los siguientes sintagmas según la categoria gramatical de su núcleo:

- *El teléfono.*
- *El final del día.*
- *Poco divertido.*
- *Vino enseguida.*
- *Eres muy alegre.*
- *Cerca del parque.*
- *Demasiado grande.*

2 Señala el núcleo de estos sintagmas e indica a qué clase de palabra corresponden, como en el ejemplo:

Esas faldas de la tienda nueva.
N
Faldas: es un nombre.

- *Lejos de mi casa.*
- *Viven con nosotros.*
- *Amable con los niños.*
- *El rascacielos de Nueva York.*

3.2 La oración

La **oración** es un tipo de enunciado que consta normalmente de dos partes relacionadas: el sujeto y el predicado.

Son oraciones *Los niños tienen gripe; Los bomberos de Sevilla apagaron el incendio* y *El coro universitario dio un concierto benéfico.* En estos ejemplos los sintagmas subrayados funcionan como sujeto. Y, a su vez, las expresiones *tienen gripe, apagaron el incendio* y *dio un concierto benéfico* funcionan como predicado.

Sujeto	Predicado
Los niños	tienen gripe.
Los bomberos de Sevilla	apagaron el incendio.
El coro universitario	dio un concierto benéfico.

- La función del **sujeto** (S) la desempeña el **sintagma nominal** (SN): *Me gusta este concierto de piano; Ella lo explica bien.*
- La función de **predicado** (P) la contrae un **sintagma verbal** (SV): *Ha sonado el timbre; Nuestra selección ganará el trofeo.*

Características del sujeto

- El **núcleo** del **sintagma nominal concuerda** en número y persona con el **núcleo** del **sintagma verbal.** Observa cómo varía el número o la persona del verbo cuando se cambia el número o la persona del núcleo del sujeto:

  La actriz canta. → *Las actrices cantan.*

  Nosotros lo sabíamos. → *Vosotros lo sabíais.*

- La **función de sujeto** se construye **sin preposición.**
- El **sintagma nominal sujeto** puede sustituirse por uno de los **pronombres personales de sujeto.**

Pronombres personales de sujeto

1.ª persona	yo, nosotros, nosotras
2.ª persona	tú, vosotros, vosotras
3.ª persona	él, ella, ellos, ellas

Comprende, piensa, aplica...

3 **Identifica** el sujeto y el predicado de las siguientes oraciones:

– *Este trimestre es muy largo.*

– *El nuevo alumno se llama Dimitri.*

– *Su compañera llegó también este año.*

– *La profesora me preguntó por mi madre.*

4 Sustituye el sujeto de las oraciones siguientes por un pronombre personal:

– *Tu perra es muy inteligente.*

– *A las tres llega mi hermano.*

– *Las cantantes estabais un poco cansadas.*

5 **Explica** por qué el sintagma *el cine* es el sujeto de la oración *El cine estaba en esa calle.*

3.3 Oraciones sin sujeto

Aunque es una función muy importante, el sujeto puede faltar en una oración. Esta ausencia se puede deber a dos factores: la **elipsis** y la **impersonalidad.**

La elipsis

La **elipsis del sujeto** se produce cuando no aparece en la oración porque es conocido y se sobrentiende por el contexto. La elipsis, como se vio en la unidad 1, es además un mecanismo de cohesión:

La montaña es bonita, pero [la montaña] *es traidora.*

La impersonalidad

Las **oraciones impersonales** son las que no tienen ni pueden tener sujeto.

Existen varios tipos:

- Las oraciones construidas con el pronombre *se* y el verbo en 3.ª persona del singular:

El comercio (S (SN)) *abre a las 10.* (P (SV)) → *Se abre a las 10.* (P (SV))

Ellos (S (SN)) *hablaban de todo.* (P (SV)) → *Se hablaba de todo.* (P (SV))

- Las oraciones construidas con los verbos unipersonales:
  - Los **verbos *haber*** y ***hacer*** (verbos en 3.ª persona del singular):

    Había necesidades. (P (SV))

    Hace buen tiempo. (P (SV))

  - Los **verbos meteorológicos** *(nevar, granizar, tronar, llover, helar, diluviar, relampaguear...):*

    Ayer nevó en la montaña. (P (SV))

    No llueve desde mayo. (P (SV))

  En usos metafóricos estos verbos admiten sujeto: *Le llovían* los aplausos.

Sujeto agente

Generalmente, se define el sujeto como «la persona que realiza la acción del verbo». Esto ocurre con frecuencia:

- *El delantero* (sujeto agente) *marcó dos goles.*
- *El perro* (sujeto agente) *ladró toda la noche.*

Sin embargo, no siempre sucede así: con los verbos que no designan una acción, sino un estado, el sujeto no es agente. Por ejemplo:

- *El tiempo* (sujeto no agente) *pasará lentamente.*
- *Nuestro abuelo* (sujeto no agente) *dormía.*

Nieva desde noviembre hasta marzo es una **oración impersonal** porque está construida con el verbo meteorológico *nevar*.

Comprende, piensa, aplica...

6 Lee este texto y realiza las actividades:

> Los monos rondaban siempre el campamento, listos para apropiarse de lo que pudieran echarse al hocico. Por las noches se metían en la basura y si no se aseguraban bien las provisiones, las robaban. No eran simpáticos, mostraban los colmillos y gruñían, pero tenían respeto por los humanos y se mantenían a prudente distancia. Ese asalto era inusitado.
>
> Ante la imposibilidad de dominarlos, Mushaha dio orden de dispararles anestésico, pero dar en el blanco no fue fácil, porque corrían y saltaban como endemoniados.
>
> Por fin, uno a uno, los mandriles recibieron el picotazo del tranquilizante y fueron cayendo secos por tierra. Alexander y Timothy Bruce ayudaron a levantarlos por los tobillos y las muñecas y llevarlos a doscientos metros del campamento, donde roncarían sin ser molestados hasta que se les pasara el efecto de la droga. Los cuerpos, peludos y malolientes, pesaban mucho más de lo que cabía suponer por su tamaño. Alexander, Timothy y los empleados que los tocaron debieron ducharse, lavar su ropa y espolvorearse con insecticida para librarse de las pulgas.
>
> Mientras el personal del safari procuraba poner algo de orden en aquel revoltijo, Michael Mushaha averiguó lo que había sucedido.
>
> Isabel Allende, *El bosque de los pigmeos*, Debolsillo.

a) **Localiza** el sujeto de las oraciones subrayadas en el texto y sustitúyelo por un pronombre personal.

b) Señala en qué número y persona concuerda el pronombre que funciona como sujeto con el verbo de las oraciones anteriores. Observa el ejemplo:

> *Ella escribió una novela muy interesante.*
> S (SN)
>
> → **Ella:** pronombre personal, 3.ª persona del singular.
>
> → **Escribió:** verbo, 3.ª persona del singular.

c) Completa en tu cuaderno estas oraciones del texto con el sujeto elidido:

- *[...] No eran simpáticos.*
- *[...] Tenían respeto por los humanos.*
- *Por las noches [...] se metían en la basura.*

d) ¿Por qué crees que la autora del texto ha suprimido estos sujetos?

7 Explica por qué son impersonales estas oraciones:

- *Se cierra los lunes.*
- *Mañana hará calor.*
- *Había dos libros sobre la mesa.*
- *El lunes llovió durante todo el día.*

8 **Determina** en estas parejas de oraciones cuál tiene sujeto, aunque esté elidido, y cuál es impersonal. ¿Hay cambio de significado? **Justifica** tu respuesta.

- *Le llovió todo el día.*
- *Le llovieron las críticas.*
- *Esta mañana ha helado.*
- *Han helado el ambiente con sus palabras.*

9 Escribe oraciones impersonales con los verbos siguientes:

llover	*nevar*	*vivir*
hacer	*vender*	*haber*

10 Observa el ejemplo y construye oraciones impersonales con *se:*

> *Esa empresa compra mucho.*
> ↓
> *Se compra mucho.*

- *Ellos bailan bien.*
- *María y Julia estudian mucho.*

11 **Diferencia** en estas oraciones los sujetos agentes de los que no lo son y justifica tu respuesta:

- *Belén suspiraba.*
- *Los bebés duermen mucho.*
- *El cuadro colgaba de la pared.*
- *Mi hermano sueña todas las noches.*
- *Miguel Ángel escribió un mensaje.*

Taller de lengua

Refuerza lo que has aprendido

1 Lee con atención el texto siguiente:

El muchacho

Una vez fuera de la estación, el hombre le soltó la mano.

—Está bien, te doy las gracias por el billete y por haberme ayudado a pasar. Tal vez pueda darte algún dinero.

Se llevó la mano al bolsillo, pero Franz le dijo:

—Déjeme ir con usted. Por lo menos hasta que encuentre donde quedarme.

—¿Venir conmigo? Mañana embarcaré para Italia, pero me dirijo a España. Conozco a alguien en Madrid y me quedaré a vivir allí.

—¡Qué suerte! —exclamó, improvisando y mintiendo con rapidez—. También yo voy a España. Déjeme ir con usted. Así cuando lleguemos también yo buscaré a una persona.

—¿Conoces a alguien en España?

—Sí. Conozco a alguien que podría ayudarnos —volvió a mentir.

El hombre sopesó la oferta. A pesar de la dureza con que lo había tratado en el tren, sintió lástima por el muchacho. Había muchos como él. Algunos eran huérfanos, otros intentaban encontrar a algún miembro de su familia que hubiese viajado antes.

Eliacer Cansino, *El chico de las manos azules,* Bruño.

2 Trabaja sobre el texto:

a) ¿Quiénes conversan en la parte dialogada?

b) ¿Qué relación les une?

c) Localiza un ejemplo de oración y otro de frase.

d) Recuerda lo que estudiaste en la unidad 1 e indica qué tipo de oración según la actitud del hablante es cada una de las subrayadas.

e) Localiza una oración impersonal. ¿A qué clase pertenece?

3 **Indica** a qué clase pertenecen los siguientes sintagmas y subraya su núcleo:

– *Bien.*

– *Algún billete.*

– *Le soltó el brazo.*

– *Fuera de la casa.*

4 Señala el sujeto y el predicado de estas oraciones. Observa que algunos de los sujetos están elididos y escríbelos entre corchetes:

– *También yo voy a Italia.*

– *Algunos eran extranjeros.*

– *Tal vez llegue pronto mi tía.*

– *Se metió la mano en el bolsillo.*

5 **Explica** por qué no son sujetos los sintagmas subrayados en las oraciones siguientes:

– *Él compró las entradas.*

– *Llegaba a clase en bicicleta.*

– *Su idea le parecía divertida.*

6 Escribe en tu cuaderno una oración impersonal de cada una de las clases que has estudiado en esta unidad.

Utiliza adecuadamente la lengua

Dramatizad una conversación

Formad grupos de dos, tres o cuatro personas y elegid una de estas fotografías:

Pasos que debéis seguir

- Escribid entre todos la posible conversación que se esté produciendo entre las personas de la foto elegida. Debe durar unos diez minutos.
- Repartíos los papeles y memorizad vuestras intervenciones.
- Dramatizad la conversación delante de vuestros compañeros y compañeras.
- Después de escuchar la dramatización de todos los grupos, comentad cuáles han sido los aciertos y los errores de cada una de ellas.

Consejos prácticos

✓ El primer enunciado debe servir de inicio o apertura de la conversación. Por ejemplo: *bueno, a ver, oye, hola, buenos días...*

✓ El último enunciado debe servir de cierre o final. Por ejemplo: *Vale, tengo que irme; Nos vemos; Hasta luego...*

✓ Las preguntas y respuestas del cuerpo de la conversación deben mostrar educación y respetar el turno del interlocutor.

✓ Los principios y las normas que habéis estudiado deben respetarse.

4 Ortografía: La letra *h*

A la letra *h* no le corresponde ningún sonido en nuestra lengua. Esto provoca importantes errores ortográficos cuando no se conocen las palabras que la llevan y las que no.

Estas reglas te ayudarán a escribir correctamente las palabras que llevan *h*.

4.1 Palabras que se escriben con *h*

- Los verbos *haber, hacer, hallar, hablar, habitar* y sus derivados.
- Las palabras que empiezan con **hia-** *(hiato)*, **hie-** *(hierro)*, **hue-** *(huevo)*, **hui-** *(huir)*.
- Las palabras que empiezan por los prefijos: **hecto-** *(hectómetro)*, **hexa-** *(hexámetro)*, **hemo-** *(hemorragia)*, **hemi-** *(hemiciclo)*, **hepta-** *(heptasílabo)*, **hetero-** *(heterogéneo)*, **hidro-** *(hidrofobia)*, **hiper-** *(hipérbaton)*, **hipo-** *(hipócrita)*, **homo-** *(homogéneo)*.
- Generalmente, las palabras que empiezan por **horm-** *(hormiga)* y **hum-** *(humo)*.
- Las palabras con diptongo **ue** tras vocal llevan una *h* intercalada: *cacahuete, alcahuete.*

Comprende, piensa, aplica...

1 Escribe en tu cuaderno tres palabras que comiencen por *hie-*, *hue-*.

2 **Consulta** el diccionario para averiguar el significado de los siguientes prefijos y escribe dos ejemplos:

hexa-	*hidro-*	*hemi-*
hipo-	*homo-*	*hiper-*
hemo-	*hetero-*	*hecto-*

3 Consulta el **Apéndice de verbos** que hay al final de este libro y conjuga el presente de indicativo del verbo *oler* y escríbelo en tu cuaderno.

4 **Escribe** en el recuadro central la sílaba que falta para obtener ocho palabras con *h* intercalada. Inventa, después, una oración con cada una de ellas.

a	...	gar
a	...	ra
a	...	rrar
al	...	ja
co	...	te
de	...	sa
ex	...	bir
pro	...	bir

5 **Relaciona** en tu cuaderno las palabras de la izquierda con las de la columna derecha. Utiliza el diccionario si lo necesitas:

ovoide	
óseo	*hueso*
oquedad	*huevo*
orfanato	*hueco*
osamenta	*huérfano*
óvulo	

6 Escribe con los prefijos *des-* o *a-* antes de la *h* los verbos que corresponden a estas definiciones:

– *Quitar las hojas.*
– *Hacer más hondo.*
– *Antónimo de* honrar.
– *Llenar de humo.*
– *Poner hueca una cosa.*

Practica con un texto

1 Lee con atención el texto siguiente:

Las puertas invisibles

Una pared resultaba mucho más sencilla de atravesar de lo que nunca hubiera pensado. Se daba un paso, y al otro lado esperaba aire, bosque y hierba: nos encontrábamos en lo alto de una colina, y desde allí se divisaba la fortaleza del Gobernador. Hacia la derecha, donde yo lo imaginaba, habían construido el castillo de los condes de Esendere. El sol descendía rápidamente, y con el atardecer los árboles cambiaban de color como la superficie del agua en una cascada. Sin embargo, Cordelia no me dejó observar la puesta de sol. Con gesto decidido, me hizo seguirla hasta un pequeño claro, el mismo paraje, o uno muy parecido, donde esa mañana había encontrado a Vincavec.

—Este es un modelo de bosque estándar —me dijo—. Si se limpia regularmente, no da problemas. Antes cultivábamos ejemplares de hoja caduca, y no puedes imaginarte el trabajo que suponía —de pronto buscó en el aire y encontró un pomo de puerta hábilmente disimulado. Lo hizo girar, y en medio del bosque apareció un hueco; a través de él podía distinguirse una habitación con chimenea, varios tapices y una ventana ojival. Cordelia me empujó con suavidad y me hizo entrar en la habitación—. Aquí hacemos los interiores. Si debe ser una alcoba, le colocamos una cama, y si es un comedor, la mesa y todo lo demás. Aquí —dijo, abriendo un arcón— guardamos las distintas banderas y estandartes, por si tiene que ser en el castillo del Gobernador o en el del conde. Antes utilizábamos también este decorado para casas humildes y posadas, pero, después de muchos sacrificios, logramos ahorrar para... —abrió otra puerta invisible— esto.

Espido Freire, *La última batalla de Vincavec el Bandido*, SM.

2 Comprende este texto:

a) ¿Se trata de un texto realista o fantástico? Justifica tu respuesta.

b) ¿Qué permiten las puertas invisibles?

c) ¿Qué tipo de paisaje se describe en este fragmento?

d) ¿Quién conduce a la protagonista por ellos?

3 Escribe las reglas ortográficas que afectan a las palabras subrayadas del texto.

4 Explica la diferencia que existe entre *hacia* y *hacía*. Escribe una oración con cada una de ellas.

5 **Consulta** el diccionario y busca tres expresiones que contengan estas palabras:

hierba *hoja* *hormiga*

a) Copia el significado de cada expresión en tu cuaderno.

b) Escribe una oración con cada expresión.

Un coloquio

emprender aprender

El **coloquio,** tal como lo define el DRAE, es una reunión en que se convoca a un número limitado de personas para que debatan un problema, sin que necesariamente haya de haber acuerdo.

En el coloquio, por tanto, los participantes pueden no tener opiniones opuestas: lo importante es el intercambio argumentado de las ideas de quienes intervienen en el coloquio.

Organizad coloquios por grupos

Vais a preparar cinco coloquios que se centrarán en un tema establecido previamente. Para ello:

- Dividid la clase en cinco grupos de seis personas cada uno: cada grupo se encargará de preparar uno de los coloquios y el resto de la clase hará de público.
- Estableced entre todos el orden de los coloquios y el tiempo que durará cada uno. Puede haber dos sesiones semanales de coloquios para que cada grupo tenga tiempo suficiente de desarrollar su tema, por ejemplo, media hora por equipo.
- Buscad en cada grupo el tema sobre el que queréis debatir: debe ser un tema que conozcáis y que os interese. Informaos sobre él y anotad vuestras ideas y opiniones. Podéis ver con vuestro profesor o profesora coloquios televisivos como modelo.
- Elegid a un moderador para cada coloquio.

Desarrollo de la sesión de coloquios

1 El moderador de cada grupo presentará el tema que se debatirá y establecerá las normas que van a regular el coloquio. Algunas pueden ser:

- El moderador establecerá los turnos de palabra y el tiempo para cada intervención.
- Los participantes expondrán sus opiniones de manera clara y concreta.
- Las opiniones de los compañeros serán respetadas, aunque diverjan de las propias, y no se les interrumpirá cuando hablen.
- El resto de la clase, que actuará de público, escuchará atentamente y con respeto a cada grupo.

2 Para lograr un coloquio fluido, el moderador planteará preguntas a los participantes para que expongan sus opiniones.

3 Los participantes irán explicando sus opiniones cuando tengan el turno de palabra y el moderador regulará los tiempos de cada intervención para que el coloquio sea atractivo y ameno.

4 Las opiniones deberán ser concretas y razonadas, y el moderador deberá intervenir para pedir mayor claridad o exactitud a los compañeros cuyas respuestas sean vagas o subjetivas.

5 El moderador resumirá las conclusiones obtenidas tras el coloquio.

6 Cada coloquio se grabará en vídeo por uno de vosotros.

Reflexionad

- Cuando todos los grupos hayáis realizado vuestro coloquio, veréis la grabación de las sesiones y las valoraréis.
- En un coloquio, los participantes deben demostrar que saben escuchar y argumentar. ¿Pensáis que estas capacidades pueden seros útiles en vuestra vida profesional? ¿Por qué?

6

La mejor lección

Haile Gebreselassie [...] recorría 20 kilómetros diarios hasta la escuela a toda mecha para volver a tiempo y ayudar en la granja familiar. [...] Pero ese ir y venir le hizo ni más ni menos lo que ha sido, templó su enorme coraje y su afán de superación, e incluso determinó su forma de correr, pues aún mantiene el gesto de llevar el brazo derecho, en el que llevaba los libros escolares, extrañamente encogido. A los 16 años ganó su primera prueba y ya no ha parado hasta acumular hoy el más formidable palmarés de triunfos y récords que se recuerda en carreras de fondo. A su leyenda y a ese adelantar a más y más rivales le siguió un caché millonario que ha invertido provechosamente en su país [...]. Sí, parece que es cierto que ir al cole es siempre provechoso. La mejor lección.

Álvaro Martínez, *ABC*.

Haile Gebreselassie: atleta etíope que ha ganado dos medallas de oro olímpicas.

Hablamos antes de empezar

- ¿Qué clase de texto periodístico es este que habéis leído: informa o da una opinión?
- ¿A qué categoría gramatical pertenecen las palabras subrayadas? ¿Qué sintagmas forman?
- ¿Qué palabras son homófonas de las siguientes extraídas del texto: *hasta, ha?*

En esta unidad vais a trabajar

1. La lectura y el comentario de un texto periodístico.
2. Los textos periodísticos y publicitarios.
3. El sintagma nominal, adjetival y adverbial.
4. Palabras homófonas con o sin *h*.

Lectura

El Partenón de Atenas (Grecia).

¡Socorro!

Imagínense la escena. Dos familias, en un espléndido día de primavera, llegan a un restaurante en Nauplia, después de haber visitado Micenas, Epidauro y Tirinto. Estábamos todos exhaustos, así que, después de pedir las bebidas y el almuerzo, cuando los mayores pensábamos que íbamos a entablar una conversación con nuestros hijos sobre todas las maravillas que acababan de ver, nos encontramos con que todos ellos estaban ensimismados en sus móviles. Uno contando a un amigo no sé qué a través de Whatsapp, otra colgando sus fotos en Facebook, otro jugando a matar marcianitos... Y así, hasta que el amable camarero trajo la comida. Pero es que el día anterior en Atenas, después de haber visitado la Acrópolis, sucedió lo mismo. Y así durante todo el viaje por Grecia. He de decir que alguno de los mayores también caía de cuando en cuando en la tentación. Por eso el día de la excursión a Micenas terminé enfadándome y advirtiéndoles que escribiría un artículo poniéndoles como ejemplo.

Estas situaciones me superan. Sí, me supera que las personas que tienes al lado, en vez de hablar contigo, prefieran mandar mensajes a no se sabe quién, ignorando a quienes les acompañan. Me supera la manía de contar al mundo mundial lo que uno hace en cada momento. Estoy en Nauplia, ahí va la foto. Me acabo de tomar un pulpo a la brasa con un vaso de vino de Retsina. ¿Te suenan estas ruinas? El caso es que, por la calle, en las visitas turísticas, en los restaurantes o en cualquier otra actividad cotidiana, vemos cada vez más personas que no se hablan con la persona con la que están, sino que su interés se centra en informar a otra gente sobre lo que están haciendo en ese momento, lo que están pensando o lo que van a hacer. De manera que me supera que, en la era de la comunicación, la gente no se comunique con el que tiene al lado. [...]

A mí me parece que las tecnologías de la comunicación son muy útiles —decir lo contrario sería una majadería—, pero los expertos nos están advirtiendo de las consecuencias de la adicción a los móviles. Y no son ninguna tontería. Como decía el clásico: nada en exceso. Así que creo que ha llegado la hora de gritar: ¡Socorro!

Julia Navarro, *Mujer hoy.*

Comprende la lectura, piensa, investiga...

Comprende lo que has escuchado

1 ¿Qué país visitan las dos familias del texto?

2 Describe cuál es la situación que plantea la autora.

Comprende lo que has leído

3 ¿Con qué amenaza a sus acompañantes?

4 A la autora la «superan» dos cosas: una es la costumbre de utilizar el móvil en lugar de hablar con la persona que se tiene al lado. ¿Y la otra?

5 ¿Cuál es la conclusión que expresa Julia Navarro?

Descubre la estructura del texto

6 Completa en tu cuaderno una tabla como esta:

Párrafos	Estructura	Idea principal
Párrafo 1	Inicio	En un viaje a Grecia, los «jóvenes» de dos familias prefieren utilizar sus móviles en lugar de compartir la experiencia del día con los «mayores».
Párrafo 2	Cuerpo	...
Párrafo 3	Final	...

7 ¿Cual es el tema del texto? Enúncialo en un máximo de diez palabras.

8 ¿Crees que este texto es coherente? ¿Todos sus párrafos hablan del mismo tema? ¿Están ordenados de una manera lógica? Justifica tu respuesta.

9 El tema gira en torno a las palabras de un campo de experiencia: la comunicación. Continúa en tu cuaderno esta lista con palabras del texto:

- La comunicación: *conversación...*

10 Escribe las palabras que en el primer párrafo hacen referencia a los hijos y contribuyen a la cohesión del texto.

11 Localiza en el texto un conector de contraste.

Trabaja con las palabras

12 ¿Por qué la palabra *colgar* es polisémica? Escribe cuál es la acepción que corresponde a esta palabra en el enunciado del texto *«otra colgando sus fotos».*

13 Escribe un sinónimo de las siguientes palabras del texto:

actividad *cotidiana*
espléndido *exhaustos*
ensimismados *almuerzo*

Busca información

14 **Busca información** sobre la adicción a los teléfonos móviles de los adolescentes y escribe un texto de unas treinta líneas en el que expliques algo que te haya llamado la atención.

Reflexiona sobre el texto

15 Leed en clase vuestra redacción anterior y reflexionad en grupo:

- ¿Qué texto os ha parecido más interesante y os ha aportado nuevos datos sobre este tema?
- ¿Te parece que la autora del texto tiene razón o exagera?
- ¿Piensas que el problema es aún más grave de como ella lo describe o no?

2 Textos: Los textos periodísticos y publicitarios

2.1 Los textos periodísticos

En los textos periodísticos se diferencian dos clases de géneros:

- Los **géneros informativos,** cuyo fin es transmitir información objetiva sobre un hecho de actualidad que interesa a un gran número de personas. Son géneros informativos, por ejemplo: la *noticia,* la *crónica* y el *reportaje.*
- Los **géneros de opinión,** cuyo fin es analizar los hechos desde un punto de vista subjetivo, con la intención de crear opinión entre los destinatarios. Son géneros de opinión, por ejemplo: el *editorial* y el *artículo de opinión.*

La noticia

La **noticia** es un texto narrativo que informa sobre algún hecho de interés que ha ocurrido recientemente.

En una noticia se distinguen tres partes:

- El **titular** reduce el tema a pocas palabras. Su contenido es claro y atractivo, para llamar la atención del lector. Suele estar escrito con letra mayor que el resto de la noticia.
- La **entrada** o **encabezamiento** es un párrafo tras el título, con la letra destacada, que resume lo más importante.
- El **cuerpo** es la parte donde se presentan los contenidos que completan lo dicho en el encabezamiento.

En la noticia lo más importante va al principio, y después se van dando los detalles que amplían la información: dónde ocurrió, cómo, en qué circunstancias... De forma gráfica, se dice que una noticia tiene la estructura de una **pirámide invertida,** donde lo más ancho equivale a lo más importante y va al principio, y va reduciéndose progresivamente su anchura, a medida que disminuye su importancia.

Observa la siguiente noticia:

Un estudio señala que es entre 9 y 21 meses cuando mejor se adquieren hábitos alimentarios — Titular

Las conclusiones demuestran que después del programa educativo se han mejorado los hábitos alimentarios de los participantes. — Entrada

Son los niños de entre 9 y 21 meses los que mejor aprenden qué, cuándo y cómo comer, según un estudio español que indica que este es el momento oportuno para incluir hábitos alimentarios saludables.

El estudio, elaborado por el Instituto Universitario de Investigación en Atención Primaria, IDIAP Jordi Gol, con la colaboración del Instituto Municipal de Educación del Ayuntamiento de Mataró y el Instituto Catalán de la Salud (ICS), apuesta por educar a los padres para ayudar a la adquisición de mejores hábitos dietéticos de los niños.

Las conclusiones del estudio, publicado en la revista *Public Health Nutrition,* demuestran que después del programa educativo se han mejorado los hábitos alimentarios de los padres que habían asistido a los talleres formativos, con un mejor cumplimiento de la dieta mediterránea [...] — Cuerpo

Europa Press, *www.heraldodearagón*

El contenido de la noticia

Todas las noticias intentan contestar a estas seis preguntas:

- **Quién** es el protagonista.
- **Qué** ha sucedido.
- **Cómo** ha ocurrido.
- **Dónde** ha sucedido.
- **Cuándo** ha ocurrido.
- **Por qué** se ha producido.

La crónica

La **crónica** es la información detallada y explicada de un acontecimiento.

En la crónica se distinguen también tres partes:

- Un **titular.**
- Una **entrada** o **encabezamiento,** que también recibe el nombre de *entradilla.*
- El **cuerpo,** en el que el cronista que la firma tiene libertad de ordenar el texto como crea más conveniente.
- A veces, acaba en un cierre o **final.**

El reportaje

El **reportaje** combina la información con la investigación y el análisis.

Los reportajes dependen menos que la noticia y la crónica de la actualidad. Profundizan en las causas y en las consecuencias de los hechos tratados.

Comprende, piensa, aplica...

1 Lee esta noticia y realiza las actividades:

Resuelto el misterio de los sobres de arena enviados a las embajadas

Un hombre que había abandonado el psiquiátrico es detenido como el autor de más de una decena de paquetes sospechosos que tenían movilizada a la policía hace dos semanas.

Un sobre misterioso fue entregado el jueves de la semana pasada en la embajada de Canadá. Llevaba adjunto una nota: «Esta tierra contribuirá al hermanamiento de los pueblos del mundo, tierra de Rusia para la bendición de Canadá». Minutos más tarde se activaba el protocolo NRBQ —Protocolo Nuclear Radioactivo Biológico y Químico—. Es decir, la policía y los agentes especializados en la desactivación de explosivos (Tedax) acudían a la Torre del Espacio del paseo de la Castellana —sede del consulado canadiense— y montaban ese dispositivo casi espacial, con las mascarillas de rigor, los aparatosos trajes de polipropileno, acordonando la zona y evacuando y desinfectando empleados. Al mismo tiempo comenzaban las indagaciones sobre el origen de ese extraño paquete, con la sospecha —acertada— de que el asunto volvería a repetirse, «estos casos casi nunca son aislados», aseguraba un agente. El análisis del contenido del sobre reveló posteriormente que se trataba de arena, «tierra» como decía la nota. Pero el remitente seguía siendo un misterio que no se resolvió hasta ayer, decenas de sobres de arena después. [...]

Carlos, un hombre de 62 años procedente de León, llevaba ya varias semanas vagabundeando por Madrid. Se había escapado de la Fundación Tutelar Feclem, en Ávila, donde residía en régimen de semilibertad desde hacía años. Llegó a la capital y hace dos o tres días telefoneó a sus responsables para pedirles dinero. Cuando le detuvieron ayer, con su nueva tanda de paquetitos preparada, tan solo llevaba encima sus pertenencias: «Unas bolsas con algo de pan y fiambre» y ya tenía el aspecto de un indigente. Contó que «no pensaba que fuese a causar tanto follón» y que «solo quería el hermanamiento de los pueblos con Rusia». Ingresó en la unidad de psiquiatría del hospital Gregorio Marañón a través del Samur Social. Y en la mañana de este martes salió con destino a Ávila. Misterio resuelto.

Patricia Ortega Dolz, *www.elpais.es*

a) Señala el principio y el final de cada una de las partes de esta noticia.

b) Escribe la respuesta a cada una de las preguntas que contesta una noticia: *qué, quién, cómo, dónde, cuándo* y *por qué.*

c) ¿Crees que toda esta información ya está recogida en la entrada? Justifica tu respuesta.

d) ¿Crees que la información del texto está organizada como una pirámide invertida? ¿Por qué?

e) Resume la noticia.

f) **Explica** por qué este texto no es un reportaje ni una crónica.

El artículo de opinión y el editorial

El **artículo de opinión** es un texto periodístico cuyo objetivo es comunicar la opinión de la persona que firma.

Los temas son libres y es frecuente plantearlos con humor o ironía.

El **editorial** manifiesta la línea ideológica del periódico o la revista donde aparece.

No suele ir firmado y aparece siempre en el mismo sitio, en un lugar destacado y fácilmente reconocible.

Aunque la estructura de los géneros periodísticos de opinión es muy libre, suele tener tres partes:

- El **inicio,** donde se plantea el tema.
- El **cuerpo,** donde se desarrolla el tema.
- El **final,** que retoma o concluye la idea que se está defendiendo.

Comprende, piensa, aplica...

2 Lee este editorial y realiza las actividades:

EE. UU. necesita controles en la venta de armas

El tiroteo en un centro de estudios superiores de Oregón con 10 muertos vuelve a avivar el debate sobre la necesidad de establecer controles para la tenencia de armas en EE. UU. Nadie expresó un diagnóstico con mayor frustración que Obama: «Estas masacres se han convertido en una rutina». El presidente subrayó que «ningún país avanzado» tolera regularmente episodios como este.

Obama no disimuló su indignación porque la malograda regulación de las armas se va a convertir justamente en una de las mayores desilusiones de su doble mandato presidencial, ya que ha sido incapaz de sacar adelante en el Congreso las leyes que ha impulsado para tratar de establecer ciertos controles para la compraventa.

Hay en el país casi un arma por estadounidense. Y las cifras de mortalidad por efecto de armas de fuego son elevadísimas, muy por encima de las de cualquier país occidental donde sí existen estrictos regímenes de licencias para acceder a una pistola o a una escopeta. Cada dos semanas, en EE. UU. hay un ataque con muertes masivas —con al menos cuatro fallecidos—, según el FBI. [...]

Sin embargo, salvo que en verdad estas masacres solo se reciban por la clase política como una «rutina», resulta imprescindible que el Congreso apruebe la próxima legislatura un control de armas como el que defiende Obama.

www.elmundo.es

a) ¿Qué idea defiende este editorial?

b) Describe las características de este texto periodístico. ¿Qué lo diferencia del artículo de opinión?

c) Señala las partes en que puedes dividirlo y resúmelas.

3 **Explica** qué opinión se defiende en este texto.

Maratón de Valencia: la camiseta

Recoger el dorsal para una carrera —sea de más o menos distancia— es toda una liturgia. [...] Te encuentras con otros «runners», comentas cómo ha ido la preparación, las expectativas, tus ilusiones para la gran cita del día siguiente. [...]

La camiseta es uno de los «triunfos materiales» que puedes «exhibir» de tu participación en una carrera. Este deporte, para el que —admito otra vez— no tengo ningún tipo de condición, me ha enseñado a ganar perdiendo. Yo no soportaba perder a nada. Ahora soy consciente de que cruzar la meta es mi victoria y la culminación de un enorme esfuerzo previo. Compites contigo mismo.

Pere Rostoll, *www.información.es*

4 **Busca** en algún periódico digital un artículo de opinión sobre un tema que te interese —deportes, asuntos de actualidad, etc.—, y resúmelo.

2.2. El texto publicitario

El **texto publicitario** tiene como objetivo informar sobre algún producto o servicio con **fines comerciales** o **propagandísticos.**

Estos textos se difunden en los diversos medios de comunicación de masas (prensa, radio, televisión, Internet) y en otros soportes, como las vallas publicitarias.

La información y la persuasión

Es importante que la persona que recibe un mensaje publicitario distinga entre la publicidad informativa y la publicidad persuasiva.

- La **publicidad informativa** destaca, con más o menos objetividad, las características del producto que quiere que el receptor o la receptora consuma. Suelen ser productos necesarios para la vida diaria.
- La **publicidad persuasiva** tiene en cuenta los sueños, los deseos o las emociones de los consumidores para provocar en ellos la necesidad de comprar, por ejemplo, productos de lujo, como coches, perfumes, móviles...

La propaganda

La **propaganda** no pretende vender un producto, como la publicidad, sino expresar los beneficios de un proyecto cultural, político o social.

Comprende, piensa, aplica...

5 Observa este anuncio y contesta a las preguntas:

a) El contenido de este anuncio, ¿es comercial o propagandístico?

b) ¿Qué mensaje comunica?

c) ¿Qué elementos no verbales se utilizan para transmitir el mensaje? ¿Qué efectos crees que producen en el receptor? **Justifica** tu respuesta.

6 Cada uno de vosotros debe traer a clase un anuncio de una revista que utilice información persuasiva. Entre toda la clase debéis seleccionar diez y decidir qué tipo de sueño, deseo o emoción tiene en cuenta. Por ejemplo:

- Este producto te da prestigio.
- Este producto es bueno por ser extranjero.
- Este producto es bueno porque es ecológico.
- Este producto te ayudará a ser guapo y elegante.

Refuerza lo que has aprendido

1 Lee este texto y realiza las actividades:

> **Viaje a la intimidad de García Márquez**
>
> **La Universidad de Texas enseña por vez primera el archivo del escritor. Reúne fotografías, correcciones de su puño, grabaciones y versiones de su novela inédita *En agosto nos vemos*.**
>
> En la biblioteca de su casa de Ciudad de México, Gabriel García Márquez (1927-2014) tenía una copia de su novela *El amor en los tiempos del cólera* en la edición de Oveja Negra de 1985, la misma que poseen cientos de miles de personas. El ejemplar personal del autor se podía ver ayer en la Universidad de Texas abierto por la página 221. Quizá nadie más haya reparado, pero García Márquez se dio cuenta de que en esa página se repite cuatro veces en el mismo párrafo la palabra «novedades». Una vez resaltadas con lápiz, lo cierto es que hacen mal efecto, como en cualquier texto. Según sus anotaciones, si hubiera podido habría cambiado la segunda por «primicias» y la tercera por «obras» para evitar la repetición.
>
> *www.elpais.es*

a) ¿Cuál es la intención del autor de este texto periodístico: transmitir una información o dar una opinión? Justifica tu respuesta.

b) **Distingue** las partes del texto.

2 **Explica** la diferencia entre una noticia, una crónica y un reportaje, y entre un editorial y un artículo de opinión.

3 Observa este anuncio y contesta a las preguntas:

a) Este anuncio, ¿tiene fines comerciales o propagandísticos?

b) ¿Qué mensaje quiere transmitir? Resúmelo en dos líneas.

c) En el texto del anuncio hay una parte que informa y otra que busca concienciar al receptor. **Identifícalas.**

Amplía tu vocabulario: La prensa y la publicidad

4 Define este vocabulario relacionado con el periodismo:

primicia	*comentarista*	*magacín*
redactor jefe	*rueda de prensa*	*periódico*
coleccionable	*corresponsal*	*suplemento*

5 Busca en el diccionario la acepción de estas palabras que esté relacionada con el periodismo y escribe una oración con cada una de ellas:

titular	*revista*	*portada*
columna	*entrada*	*redacción*

6 **Busca información** y explica qué es una cuña radiofónica.

7 **Dibuja** dos logotipos de marcas que te gusten.

8 Relaciona en tu cuaderno cada palabra con su significado:

eslogan spot sponsor

- Anuncio.
- Patrocinador.
- Fórmula breve y original, utilizada en la publicidad, en la propaganda política, etc.

9 En publicidad se utilizan muchas expresiones inglesas. Averigua qué significan las siguientes: *prime time* y *share*.

Escribe eslóganes publicitarios

Toma estos textos como modelo

- Lee los **eslóganes** que figuran a continuación y piensa en qué productos podrían publicitar:

El milagro antimanchas.

¿Quién dijo imposible?

Contigo al fin del mundo.

Te gusta viajar.

La salsa de la vida.

Adiós al frío.

A un clic de ti.

Los salados del barrio.

Para ver… y verte mejor.

Escribe un eslogan

- Escribe un eslogan para cada uno de los siguientes productos:
  - Un refresco.
  - Un helado.
  - Un ordenador.
  - Un coche familiar.
  - Unas gafas de sol.

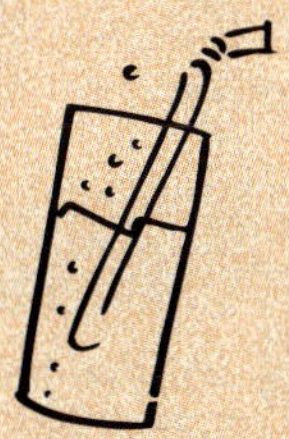

- Ten en cuenta las siguientes consideraciones para elaborar tu eslogan:
  - Debe recoger la cualidad principal del producto.
  - Es preciso que sea breve y conciso.
  - Puede basarse en algún recurso literario: metáfora, hipérbole, comparación…
  - Es conveniente que sea pegadizo, que suene bien, con cierta musicalidad.

En la web

Puedes repasar los recursos literarios en «Literatura: Recursos Literarios».

3 Lengua: El sintagma nominal, adjetival y adverbial

3.1 El sintagma nominal

El **sintagma nominal** (SN) tiene como **núcleo** (N) un **sustantivo** o un **pronombre,** que puede estar acompañado por otras palabras que lo identifican o complementan: **determinantes** (Det.) y **complementos del nombre** (CN).

Por ejemplo:

Ella	*ha comprado*	*la*	*bufanda*	*verde*	*esta*	*mañana.*
N		DET.	N	CN	DET.	N
SN			SN			SN

> **En la web**
> Puedes recordar los contenidos sobre el **nombre,** el **pronombre** y los **determinantes** en «Lengua: Clases de palabras».

El núcleo del SN

El **sustantivo** y el **pronombre** funcionan como **núcleo** del sintagma nominal.

- El **nombre** o **sustantivo** es una palabra variable que sirve para designar personas, animales, objetos, sentimientos, lugares... *(carnicero, serpiente, ordenador, felicidad, Salamanca...).*
- El **pronombre** es una palabra que sustituye a un nombre o a todo un sintagma nominal. Por ejemplo:

  Marta escribía un cuento. → *Ella escribía un cuento.*

  Los hijos de mi hermana llegaron ayer. → *Ellos llegaron ayer.*

  Los pronombres se clasifican en **personales** *(yo, me, nosotras, tú, ti, vosotros, ella, se...)*, **demostrativos** *(este, esa, aquel...)*, **posesivos** *(el mío, la tuya, el suyo...)*, **indefinidos** *(alguien, algo, nadie, nada...)*, **numerales** *(dos, segunda...)*, **interrogativos** y **exclamativos** *(qué, cuánto, cuándo...).*

Los determinantes

Los **determinantes** (Det.) se anteponen al sustantivo y sirven para **identificar** la realidad concreta a la que se refiere o su cantidad.

Por ejemplo, si alguien dice *libro* no se sabe a qué libro se está refiriendo, pero si dice *mi libro, ese libro, el libro...,* sí se puede identificarlo. En los sintagmas *muchos libros, tres libros,* los determinantes *muchos* y *tres* nos informan sobre la cantidad de ejemplares.

Clases de determinantes	
Los artículos	*un, una, unos, unas; el, la, lo, los, las*
Los demostrativos	*ese, esa, esos, esas, este, esta, estos, estas, aquel, aquella, aquellos, aquellas*
Los posesivos	*mi, tu, su, mis, tus, sus, nuestro, nuestra, vuestro, vuestra*
Los indefinidos	*poco, poca, pocos, pocas, mucho, mucha, muchos, muchas, todo, toda, todos, todas, varios, varias...*
Los numerales	*uno, dos, tres..., primero, primera, segundo, segunda, tercero, tercera...*
Los interrogativos y exclamativos	*qué, cuántos, cuántas...*

Los complementos del nombre

Los **complementos del nombre** (CN) acompañan al núcleo del sintagma nominal para **modificar** su significado.

Funcionan como complementos del nombre:

- Los **adjetivos,** que expresan una cualidad del núcleo del sintagma nominal: *frente amplia, clima lluvioso, vecinos simpáticos.*
- Los **sintagmas nominales precedidos de una preposición,** que pueden modificar el núcleo de otro SN *(botas de agua, la venta de coches).*
- Los **sintagmas nominales en aposición,** que pueden modificar el núcleo de otro SN sin necesidad de que haya una preposición como elemento de enlace *(el pintor Goya; Javier, mi cuñado, me trajo un regalo).*

El sintagma preposicional

En algunas gramáticas, el sintagma nominal precedido de una preposición recibe el nombre de **sintagma preposicional.**

Comprende, piensa, aplica...

1 Analiza los sintagmas nominales de las siguientes oraciones, como en el ejemplo:

Juan	*compró*	*cinco*	*ordenadores*	*nuevos.*
N		Det.	N	CN
SN			SN	

- *El gato gris tenía rayas blancas.*
- *Ayer hice un buen examen de inglés.*
- *Varios músicos jóvenes llenaron la sala.*
- *Me gusta mucho ese espectáculo inglés.*
- *Ellos organizaron una divertida excursión.*

2 Sustituye los sintagmas nominales de estas oraciones por un pronombre personal, como en el ejemplo:

Los perros saltaron la valla. → Ellos la saltaron.

- *Me gusta esa profesora.*
- *Juan silbaba la canción.*
- *El mensajero entregó el paquete pronto.*
- *El nuevo camarero era un hombre muy amable.*
- *Mi compañero de piso compró toda la comida.*

3 **Clasifica** los determinantes de estos sintagmas nominales:

- *Aquella orden.*
- *¿Cuántos euros?*
- *Un papel amarillo.*
- *Tres exámenes finales.*
- *¡Qué suerte!*
- *Algunos amigos.*
- *Nuestros abrigos.*
- *Mi abono mensual.*

4 Escribe los siguientes sintagmas nominales:

- Tres sintagmas nominales que contengan SN precedidos de preposición que funcionen como CN.
- Tres sintagmas nominales que contengan SN en aposición que funcionen como CN.

5 ¿En qué se diferencia un pronombre demostrativo de un determinante demostrativo? **Justifica** tu respuesta.

3.2 El sintagma adjetival

El **sintagma adjetival** (SAdj.) tiene como **núcleo** (N) un **adjetivo** que puede estar acompañado por otras palabras que funcionan como **complemento del adjetivo** (CAdj.).

Por ejemplo:

Esa chica era extremadamente tímida.

extremadamente: CAdj.; tímida: N; extremadamente tímida: SAdj.

En la web

Puedes recordar los contenidos sobre el **adjetivo** en «Lengua: Clases de palabras».

El núcleo del SAdj.

El **adjetivo** es el **núcleo** del sintagma adjetival.

El **adjetivo** expresa una cualidad del nombre con el que concuerda en género y número.

- Los adjetivos pueden tener un **uso especificativo,** cuando delimitan el significado del nombre *(Los alumnos lesionados no jugaron bien)* o un **uso explicativo,** cuando no restringen el significado del nombre y añaden una explicación *(Los alumnos, lesionados, no jugaron bien).*
- La **cualidad** que expresa el adjetivo puede manifestarse en tres grados:
  - En **grado positivo** expresa la cualidad sin cuantificar: *Es rápida.*
  - En **grado comparativo** expresa una comparación que puede ser:
    - de superioridad *(Ella es más rápida que él),*
    - de igualdad *(Es tan rápida como él),*
    - de inferioridad *(Ella es menos rápida que él).*
  - En **grado superlativo** manifiesta una cualidad en un nivel muy alto *(María es muy simpática, simpatiquísima, la más simpática).*

  Algunos adjetivos tienen comparativos y superlativos especiales:

Positivo	Comparativo	Superlativo
bueno	mejor	óptimo
malo	peor	pésimo
grande	mayor	máximo
pequeño	menor	mínimo
alto	superior	supremo
bajo	inferior	ínfimo

En la oración *Amaya tuvo un resultado* ***óptimo*** *en la competición ciclista,* el adjetivo *bueno* está en grado superlativo *(óptimo).*

Los complementos del adjetivo

El **núcleo** del sintagma adjetival puede estar acompañado por un **adverbio** *(muy fácil)* o un **sintagma nominal precedido de una preposición** *(loco por la música).*

Por ejemplo:

Muy contento con su coche.

Muy: CAdj.; contento: N; con: Nexo; su coche: SN; con su coche: CAdj.; Muy contento con su coche: SAdj.

3.3 El sintagma adverbial

El **sintagma adverbial** (SAdv.) tiene como **núcleo** (N) un **adverbio,** que puede estar acompañado por otras palabras que funcionan como **complemento del adverbio** (CAdv.).

Por ejemplo:

El teatro estaba	*lejos*	*de casa.*
	N	CAdv.
	SAdv.	

En la web

Puedes recordar los contenidos sobre el **adverbio** en «Lengua: Clases de palabras».

El núcleo del SAdv.

El **adverbio** es el **núcleo** del sintagma adverbial.

Los **adverbios** expresan circunstancias de lugar, tiempo, modo, cantidad, afirmación, negación y duda.

Son palabras invariables, es decir, no tienen morfemas de género y número *(bien, lejos, ahora...).* En algunos casos admiten sufijos: *cerquita, lejísimos, poquito...*

Los complementos del adverbio

El **núcleo** del sintagma adverbial puede estar acompañado por un **adverbio** *(muy cerca)* o un **sintagma nominal precedido de una preposición** *(después de clase).*

Por ejemplo:

Bastante	*detrás*	*de*	*nosotros.*
		Nexo	SN
CAdv.	N	CAdv.	
	SAdv.		

Comprende, piensa, aplica...

6 **Localiza** los adjetivos y los adverbios de este texto:

La clepsidra

Perseguido por tres libélulas gigantes, el cíclope alcanzó el centro del laberinto, donde había una clepsidra. Tan sediento estaba que sumergió irreflexivamente su cabeza en las aguas de aquel reloj milenario. Y bebió sin mesura ni placer. Al apurar la última gota, el tiempo se detuvo para siempre.

Javier Puche

- Escribe un sintagma adjetival o adverbial con cada uno de los adjetivos y adverbios que has localizado en el texto y analízalos.

7 Escribe sintagmas adjetivos con estas estructuras:

- CAdj. (adverbio) + N
- N + CAdj. (prep. + SN)

8 **Analiza** estos sintagmas adjetivales, como en el ejemplo:

Más	sinceros
CAdj.	N
SAdj.	

- *Diferentes de él.*
- *Bastante rápidos en las respuestas.*
- *Menos hábiles para las manualidades.*

9 Analiza estos sintagmas adverbiales, como en el ejemplo:

Muy	cerca
CAdv.	N
SAdv.	

- *Delante de casa.*
- *Después de clase.*
- *Realmente lejos.*
- *Fuera de la casa.*

Taller de lengua

Refuerza lo que has aprendido

1 Lee con atención el texto siguiente:

La isla

Ana hubiese dado su brazo derecho por ser una aldeana y poder andar cómoda con aquellos calores, pues no soportaba el encierro. Al atardecer, cuando amainaba el bochorno, se apresuraba a salir a cubierta para estirar las piernas.

La suerte les acompañaba. En todos aquellos días no avistaron ningún barco pirata que, sin duda, habría aprovechado su desvalimiento para atacarlos.

Varias semanas después el vigía divisó una ensenada tranquila y dio aviso. Tenía la profundidad suficiente para no embarrancar y el capitán Salazar ordenó a los remeros poner rumbo hacia allí. Antes de echar el ancla mandó un bote a tierra para inspeccionar los alrededores. Los del bote volvieron al atardecer con las mejores noticias: en pocas millas a la redonda había agua fresca y árboles suficientes para reparar el patache.

Elvira Menéndez, *La expedición perdida,* Magisterio Casals.

Patache: pequeña embarcación de guerra que se destinaba en las escuadras para llevar avisos, reconocer las costas y guardar las entradas de los puertos.

2 Trabaja sobre el texto:

a) ¿A qué lugar llegan los protagonistas de la historia? Extrae del texto tres sustantivos que se relacionen con ese lugar.

b) Escribe en tu cuaderno una oración con *amainar* y otra con *patache*.

c) Clasifica los determinantes que aparecen en el texto.

d) **Localiza** en el texto un sintagma nominal que corresponda a cada una de estas estructuras:

- Det. + N + CN (adjetivo)
- Det. + N + CN (prep. + SN)
- Det. + N
- N (pronombre)
- Det. + CN + N
- N + CN (adjetivo)

e) Escribe en tu cuaderno un adverbio del texto y di a qué clase pertenece: lugar, tiempo, modo, cantidad, afirmación, negación o duda.

3 Analiza los complementos del nombre de los sintagmas nominales siguientes:

- *El rey Felipe.*
- *Pilar, mi prima.*
- *La emoción del partido.*
- *Una triste canción de amor.*

4 Escribe sintagmas adjetivales que tengan las siguientes estructuras:

- CAdj. (adverbio) + N
- N + CAdj. (prep. + SN)

5 Escribe sintagmas adverbiales con los adverbios siguientes: *debajo, cerca, detrás.*

Utiliza adecuadamente la lengua

Grabad un anuncio publicitario

- Organizad la clase en cinco grupos y repartid los productos que vais a anunciar. Podéis elegir entre:

Zapatillas deportivas

Colonia

Pan de molde

Teléfono móvil

Bicicleta

Pasos que debéis seguir para elaborar vuestro anuncio

Cada uno de los grupos:

- Pensad la historia que vais a contar.
- Preparad vuestro guion:
  - Dibujad en un folio qué escenas vais a grabar.
  - Redactad para cada escena los diálogos y lo que sucede en ella.
- Una vez que tengáis decidido el guion:
  - Elegid a los compañeros que interpretarán a los personajes.
  - Concretad los lugares, la iluminación, el vestuario, los objetos que aparecerán...
  - Decidid la música que sonará de fondo.
  - No olvidéis incluir un eslogan pegadizo y musical.
- Cuando el guion esté preparado, comenzad con los ensayos. Repetidlo las veces necesarias hasta lograr un resultado satisfactorio.

Tened en cuenta que el anuncio deberá durar 1 minuto.

- Grabad por orden los distintos anuncios.
- Proyectadlos en clase.
- Votad el que más os haya gustado y explicad por qué.

4 Ortografía: Palabras homófonas con o sin *h*

Las palabras homófonas pueden llevarnos fácilmente a confusión por lo que leerlas muchas veces ayuda a recordar su ortografía.

Esta página te ayudará a escribir correctamente las siguientes palabras homófonas.

Con *h*	Sin *h*
ha (del verbo *haber)*	**a** (preposición)
has (del verbo *haber)*	**as** ('carta de la baraja')
hasta (preposición)	**asta** ('cuerno')
he (del verbo *haber)*	**e** (conjunción)
hecho (del verbo *hacer)*	**echo** (del verbo *echar)*
herrar ('poner herraduras')	**errar** ('equivocarse' o 'deambular')
hojear ('pasar las hojas de un libro, revista...')	**ojear** ('mirar de forma rápida y superficial')
hola (interjección de saludo)	**ola** ('ondulación del agua')
honda ('profunda')	**onda** ('ondulación')

Recuerda

Las **palabras homófonas** son aquellas que se pronuncian igual, pero se escriben de distinta manera.

Comprende, piensa, aplica...

1 Copia y completa en tu cuaderno con la palabra correcta:

- *Voy a* ... (hojear/ojear) *las fotos de la revista mientras te espero.*
- *Yo* ... (habría/abría) *ido contigo* ... *(hasta/asta) el lugar indicado.*
- *Tienes que* ... (herrar/errar) *al caballo porque yo* ... (he/e) ... (hecho/echo) *el resto del trabajo.*
- *El tsunami produjo una* ... (hola/ola) *gigante y ese* ... (hecho/echo) *fue recogido por la prensa.*
- *Tú* ... (has/as) *ganado la partida con un* (has/as).
- *En el agua apareció una gran* ... (honda/onda) *cuando el niño arrojó la piedra en la parte más* ... (honda/onda) *del estanque.*

2 No debes confundir la escritura de las interjecciones *¡ah!, ¡eh!, ¡oh!,* con la preposición *a* y las conjunciones *e, o.* Completa con la opción correcta:

- ... (¡Ah!/ha/a), qué bien, me alegro.
- *Voy* ... (¡ah!/ha/a) *ver a tu hermana.*
- *Él* ... (¡ah!/ha/a) *hecho un pastel.*
- ... (¡Eh!/he/e), *tú, no te vayas.*
- *¿Prefieres el blanco ... (¡oh!/o) el negro?*

3 **Busca en el diccionario** el significado de estas palabras y escribe una oración con cada una: *deshecho* y *desecho; hablando* y *ablando; horca* y *orca.*

4 Copia y completa en tu cuaderno con la forma adecuada: *haber* o *a ver.*

> El verbo *haber* y la expresión *a ver* (prep. + verbo *ver*) son homófonas.
> **Recuerda:** *haber* lleva siempre detrás un participio: *haber estado, haber comido, haber caído.*

- *Voy ... si Marcos ha llegado.*
- *Tenía que ... hablado antes con él.*
- *... qué organizamos para el fin de semana.*
- *Te dije que habría que ... llamado ya.*

5 Consulta el **Apéndice de verbos** que hay al final de este libro y escribe el pretérito perfecto compuesto de indicativo del verbo *huir.*

6 **Escribe** una oración con cada palabra:

honda	*ola*	*hola*
hasta	*ojear*	*asta*
herrar	*onda*	*errar*
hojear	*hecho*	*echo*

Practica con un texto

1 Copia en tu cuaderno este texto y complétalo con las siguientes palabras y expresiones homófonas. Después, léelo con atención:

as	*has*	*a*
haber	*abría*	*ola*
hasta	*honda*	*a ver*
herraba	*ondas*	*habría*
desechos	*hablando*	*hecho*
ojeamos	*hojeamos*	*deshecho*

La casa rural

Ese viernes decidimos marcharnos a un hotel rural ... el lunes que ya ... pasado la tan temida ... de calor que anunciaban insistentemente los medios de comunicación.

Al llegar, ... las habitaciones y salimos al exterior en busca de la piscina. Esta era grande, cristalina, y parecía más ... por la parte que daba a las cuadras. Allí, un joven empleado ... a un precioso caballo negro al que le había ... una trenza en las crines. Nos acercamos ... él y le preguntamos:

—¿Dónde ... aprendido este oficio?

—En una escuela ecuestre, cerca de aquí —nos contestó.

—Tendrían que ... hecho una en la ciudad —replicó mi hermano.

Estuvimos ... con él un buen rato, hasta que observamos cómo un señor ... con dificultad la puerta de acceso a las instalaciones. Se dirigió directamente a la recepción y empezó a quejarse del desorden de la sala de juegos: un puzle en el suelo totalmente ..., una baraja de cartas a la que le faltaba un ... y gran cantidad de ... comestibles esparcidos por todo el suelo. Nosotros nos marchamos al lago cercano para refrescarnos y jugar ... quién hacía más ... sobre la superficie del agua. Pasamos unos días estupendos y ... muchas revistas ecuestres.

2 **Escribe** cuatro oraciones en las que aparezcan las siguientes parejas de palabras homófonas: *hecho/echo, honda/onda, haber/a ver.*

3 El verbo *errar* tiene dos significados. Indica cuál de ellos aparece en cada una de estas oraciones:

– *Erraste al calcular los gastos de la fiesta.*

– *Ese hombre erraba por los caminos sin rumbo.*

4 Di a qué palabras corresponden estas definiciones:

- Prolongación del hueso, largo y afilado, que crece en la cabeza de algunos animales.
- Ondulación que se forma en la superficie del agua, también en el pelo, las telas, etc.
- Carta de la baraja en la que hay dibujada una sola figura.

Un estudio estadístico

emprender aprender

Objetivo de la tarea

Vais a realizar un estudio sobre los hábitos de actividad física de vuestros compañeros y compañeras de los cuatro cursos de Secundaria.

Para ello, dividíos en cuatro grupos, cada uno de los cuales elaborará su estudio, que compartirá después con el resto de la clase.

Cada uno de los grupos llevará a cabo las siguientes tareas:

- Elaborar una encuesta.
- Recoger los datos.
- Reflejarlos en un gráfico de barras.
- Redactar un informe con las conclusiones.

La encuesta

- Elaborad la encuesta en la que recogeréis los siguientes datos de cada alumno:

Curso: .... ESO

Sexo: ....

¿Cuántas horas a la semana dedicas a practicar ejercicio físico?

0 h/semana

1 h/semana

2 h/semana

3 h/semana

4 h/semana

5 h/semana

≥ 5 h o más/semana

La recogida de datos

- Cada grupo va a recoger los datos de 20 alumnos de un curso de la ESO, que habréis decidido previamente de forma consensuada.
- Repartid las fichas con la encuesta entre los alumnos consultados y fijad con ellos un día límite para devolverlas cumplimentadas.

El gráfico de barras

- Recoged los datos obtenidos en una tabla en la que se refleje la frecuencia de ejercicio físico por sexos.
- Elaborad un gráfico de barras en el que queden plasmados los datos de la tabla.
- Utilizad este modelo:

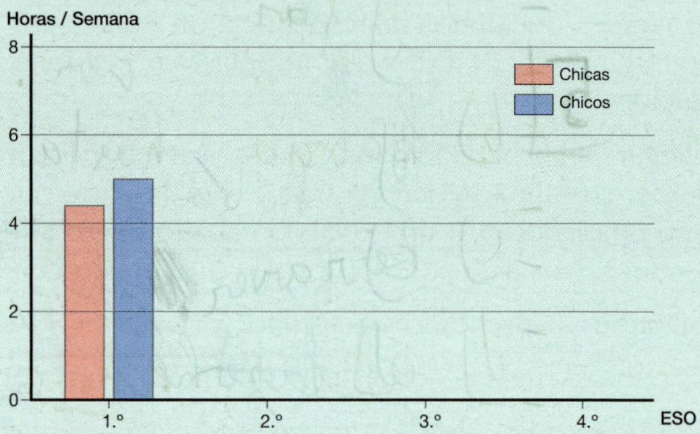

- Según este gráfico, ¿cuántas horas a la semana practicarían deporte los chicos de 1.º? ¿Y las chicas?

El informe escrito

Elaborad un informe en el que presentéis al resto de grupos el resultado de vuestra encuesta y vuestras conclusiones.

Para ello, tened en cuenta el siguiente guion:

1. Curso al que le habéis hecho la encuesta.
2. Número de alumnos y alumnas que realiza un tiempo adecuado de ejercicio físico.
3. Comparación entre los datos de los diversos cursos y los sexos, analizando los resultados del gráfico.
4. Conclusiones.

Reflexiona

- ¿Cómo ha sido el trabajo en común con tu grupo?
- ¿Crees que este tipo de estudios son útiles para calibrar los hábitos saludables del alumnado?
- A partir de los resultados obtenidos, ¿qué medidas podrían tomarse para mejorar los hábitos saludables de tus compañeros y compañeras?

7

Colgar etiquetas

Leí hace muy poco una frase que decía: «Si tú me conociste ayer, haz el favor de no pensar que hoy estás tratando con la misma persona. Acércate a mí con cierto sentido de curiosidad».

Colgar etiquetas a los demás es renunciar a nuestra capacidad de percepción. A base de etiquetas perpetuamos una impresión estática de los otros que no nos permite ver su evolución o su crecimiento.

Colgar etiquetas nos dará a la larga una falsa y superficial percepción de los demás. Al mismo tiempo, juzgar a los demás por la etiqueta que llevan nos conduce a renunciar a conocerlos de verdad. [...]

No renunciemos nunca a nuestra capacidad de percepción. No dejemos nunca de pensar que todos somos seres en constante cambio y crecimiento. Y que nuestra maravillosa complejidad es imposible de plasmar en una etiqueta.

Ferrán Ramón Cortés, *El País Semanal.*

Hablamos antes de empezar

- ¿Qué opináis sobre el tema del texto?
- ¿Sabríais localizar los verbos del primer párrafo e indicar su conjugación?
- ¿Conocéis las reglas ortográficas que afectan a las palabras subrayadas del texto?

En esta unidad vais a trabajar

1 La lectura y el comentario de un texto de la vida cotidiana.

2 Los textos de la vida cotidiana.

3 El sintagma verbal (I): el CD y el CI.

4 El uso de la letra *b* y la letra *v*.

Reglamento del ciclista

Dónde circular. Si no hay carril bici u otra vía ciclista, debemos usar el arcén de las carreteras. El Reglamento General de Circulación prohíbe la circulación de toda clase de vehículos por las aceras y demás zonas peatonales.

Circulación en paralelo y en grupo. Se permite la circulación de dos bicicletas en paralelo, pero hay que ponerse en fila india en los tramos sin visibilidad (curvas, cambios de rasante, niebla, etc.).

Prioridad de paso para ciclistas. La bicicleta tiene prioridad de paso frente a los vehículos de motor cuando circula por un carril bici, un paso para ciclistas o un arcén señalizado. Al circular en grupo, la prioridad de paso del primer ciclista en un cruce o una rotonda se aplica por extensión también al resto del grupo, como si fuera un solo vehículo.

Adelantamiento. Para adelantar a otro vehículo en carretera, la bicicleta debe dejar un espacio lateral de 1,5 m.

Giros. Los giros y los desplazamientos laterales a otro carril se deben indicar con suficiente antelación. Para indicar un giro o un cambio de carril, se utilizará el brazo en posición horizontal con la palma de la mano extendida hacia abajo si el desplazamiento va a ser hacia el lado que la mano indica, o doblado hacia arriba, también con la palma de la mano extendida, si va a ser hacia el contrario.

Transporte de niños en bicicleta. Está legalmente permitido llevar a un niño o niña de hasta siete años en una silla adicional en la bicicleta. La silla tiene que ser homologada, y la persona que conduce debe ser mayor de edad.

Carga de la bicicleta. Se pueden llevar objetos que no sobresalgan por delante de la bicicleta, ni más de 25 cm por detrás; y medio metro a cada lado.

Alcohol, medicamentos y otras sustancias. Si bebes, no circules. Ni en bicicleta. La legislación española no prevé ninguna distinción según el tipo de vehículo.

Alumbrado y reflectantes. El catadióptrico rojo trasero es obligatorio a todas horas, mientras que los reflectantes amarillos en ruedas y pedales son opcionales.

Uso del casco. En las vías interurbanas, hay que utilizar un casco homologado o certificado para ir en bicicleta. Si llevamos un niño en la sillita, este también tiene que ir con casco.

Ayuntamiento de Pamplona, *www.c-cycles.es* (adaptación).

Vocabulario

Catadióptrico: dispositivo luminoso.

Comprende la lectura, piensa, investiga...

Comprende lo que has escuchado

1 ¿A quién va dirigido este reglamento?

2 Según este reglamento, ¿se puede circular en bicicleta por las aceras y las zonas peatonales?

3 ¿Cómo está regulado el uso del casco?

Comprende lo que has leído

4 ¿Qué señal con los brazos y las manos debe hacerse para girar a la derecha o a la izquierda?

5 ¿Qué indica el texto en relación con el consumo de alcohol?

6 ¿Hay alguna norma que no conocieras? ¿Cuál?

Descubre la estructura del texto

7 ¿Qué criterio se ha elegido para ordenar las normas?

8 A lo largo del texto se repiten las palabras *bicicleta, vehículo* y *circular.* ¿Por qué crees que no se eliden estas palabras? Al no haber elipsis, ¿cómo es la redacción de este reglamento?

9 ¿Por qué piensas que los verbos están en presente?

10 Escribe las palabras que forman parte del campo de experiencia de las vías de circulación.

11 ¿Crees que es un texto coherente? ¿Y adecuado? Justifica tu respuesta.

Trabaja con las palabras

12 Explica las diferencias entre *carril* y *arcén; curva* y *cambio de rasante; vías urbanas* y *vías interurbanas.*

Busca información

13 **Busca información** sobre otras normas de circulación de los ciclistas y anota dos que no estén en este reglamento.

Reflexiona sobre el texto

14 ¿Te parece que estas normas son lógicas? ¿Alguna de ellas crees que es innecesaria? Justifica tu respuesta.

15 ¿Crees que es importante respetarlas? ¿Por qué?

16 Ordena las normas del texto según la mayor o menor importancia que tú les das.

17 Cuenta alguna anécdota que ilustre tu opinión sobre estas normas.

2 Textos: Los textos de la vida cotidiana

2.1 La instancia o solicitud

En el ámbito social, los ciudadanos se enfrentan a situaciones cotidianas que deben saber resolver: tienen que informar a otra persona o a un colectivo, deben solicitar algo a un organismo administrativo, han de dar su opinión, etc.

Por ello, es importante saber elaborar textos de la vida cotidiana y social: una instancia, un aviso, un comunicado y una nota.

La **instancia** es el escrito que se utiliza para solicitar algo a una empresa particular o a la Administración (ministerios, ayuntamientos...). También se le denomina **solicitud.**

Para solicitar un contenedor donde tirar los escombros de una obra, hay que escribir una instancia al ayuntamiento.

Características de la instancia

- Estructura predeterminada, que no admite modificación.
- Lenguaje objetivo, que evita lo personal.
- Vocabulario medio o estándar, acomodado a cada circunstancia.
- Enunciados cortos, para facilitar su comprensión.

Estructura de la instancia

D./Dña. ...., mayor de edad, con domicilio en ...., y DNI n.° ...., teléfono n.° .... y correo electrónico ....

- **Encabezamiento** con los datos del solicitante.

EXPONE:

– Que reuniendo los requisitos exigidos para participar en la convocatoria de becas para el Área de Extensión Universitaria

SOLICITA:

– Le sea admitida esta instancia a la que acompaña la siguiente documentación:

a) Acreditación de estar matriculado en el curso 2016-2017.

b) Expediente académico.

c) Fotocopia del DNI.

Lo que traslado a V. E. a los efectos oportunos.

- **Cuerpo,** que contiene un apartado en el que se **exponen** los motivos en que se basa la petición y otro apartado en el cual se **solicita** lo que se pide.

[Ciudad], ... de 2016

Fdo.: ...

VICERRECTORADO DE LA UNIVERSIDAD DE ...

- **Final,** con el lugar, fecha y firma legible del solicitante y el pie o destinatario, cargo u organismo (no persona) al que se dirige.

2.2 El aviso y el comunicado

Los **avisos** son textos de la vida cotidiana que sirven para informar a una persona o a un colectivo. Cuando el aviso pretende llegar a un gran número de gente, se llama **comunicado.**

Estos textos tienen una gran variedad de posibles receptores. Por ejemplo, se puede poner un aviso en un tablón de anuncios del centro escolar que informe sobre la visita de un famoso escritor; o el director de un club deportivo puede enviar un comunicado a un periódico donde informe a los aficionados del cambio de directiva.

Aviso importante

Se pone en conocimiento de toda la comunidad escolar que los números de lotería para el viaje de fin de curso de los alumnos de 2.° ESO están ya a la venta en la secretaría del centro.

20 de marzo de 2017

La dirección.

Los reglamentos y las circulares

La vida cotidiana se ha de regular para lograr un mejor funcionamiento de la sociedad. Esta regulación se hace efectiva por medio de variados documentos, entre ellos, las **circulares** y los **reglamentos,** que informan a un grupo de personas sobre las normas y el comportamiento que se debe observar en determinados lugares o actos.

2.3 Las notas

Las **notas** son textos de la vida cotidiana que sirven para informar a un familiar, a un amigo, a un compañero, etc.

Andrés, el dinero que está sobre la mesa es para pagar al fontanero que vendrá esta tarde a arreglar el grifo.

Mamá.

La nota tiene una estructura muy sencilla. En ella solo aparece el mensaje de forma breve e incluso telegráfica y coloquial, con la eliminación de los elementos menos necesarios.

Comprende, piensa, aplica...

1 Escribe en tu cuaderno un aviso para el tablón de anuncios de tu comunidad de vecinos en el que informes de que regalas un gatito al que ya no puedes cuidar.

2 **Busca** una noticia que contenga algún comunicado oficial y explica:

- quién emite el comunicado,
- dónde aparece,
- qué comunica,
- a quién se dirige.

3 Redacta en tu cuaderno dos notas en las que des una información a algún miembro de tu familia y a un amigo.

4 ¿Qué pretende regular esta circular?

Centro Sevillano

Estimados socios, con el fin de mejorar el sistema de control de acceso a nuestras instalaciones, todas las personas que quieran disfrutar del centro deberán identificarse en la entrada principal y cuando así lo exija el personal de seguridad autorizado mediante el carné o una invitación personalizada.

El director del Centro Sevillano

5 **Escribe** un reglamento con cinco normas que regule el correcto funcionamiento de la sala de informática de tu centro.

Refuerza lo que has aprendido

1 Relaciona cada texto de la vida cotidiana estudiado *(instancia, aviso, comunicado, nota, circular, reglamento)* con una de las siguientes situaciones:

- Informar a tus padres de que volverás después del concierto.
- Solicitar ser admitido en unas competiciones deportivas.
- Concretar las normas de un juego inventado.
- Informar a tus vecinos de la hora de la reunión de la comunidad.
- Comunicar una empresa a sus empleados el nuevo horario de verano.
- Comunicar una cadena de televisión a los espectadores que, debido a la huelga de sus trabajadores, se interrumpen las emisiones hasta nuevo aviso.

2 **Escribe** en tu cuaderno una nota, un aviso y un comunicado oficial que tengan un mismo tema: el cuidado del césped. Recuerda que deberás adaptar tu manera de expresarte a los receptores a quienes van dirigidos.

Amplía tu vocabulario: El léxico administrativo

3 Explica qué es la Administración pública.

4 Escribe una oración con cada una de estas palabras o expresiones:

municipio	*consulado*
embajada	*comunidad autónoma*
cabildo insular	*consejería de educación*

5 **Busca información** y elige entre los cargos siguientes la persona que gobierna cada una de las instituciones de la actividad anterior: *presidente, cónsul, alcalde, consejero, embajador.*

6 En estas columnas aparecen desordenadas las personas, sus fórmulas de tratamiento y sus abreviaturas. Copia la tabla en tu cuaderno en el orden correcto.

Persona	Tratamiento	Abreviatura
Ante nombre de varón	doña	Sr.
Ante nombre de mujer	señor	D.
Ante apellido de varón	su majestad	Sra.
Ante apellido de mujer	don	S. M.
A una persona que se trata con cortesía	señora	S. A.
Príncipe o princesa	usted	Dña.
Rey o reina	su alteza	Ud.

7 Copia y completa en tu cuaderno con estas abreviaturas y siglas: *DNI, Rte., c/, Fdo.*

- *Yo trabajo en la ... Mayor.*
- *Tengo que ir a la policía a renovarme el ...*
- *El remitente (...) es la persona que envía el paquete o la carta.*
- *Escribe tu firma al lado de la abreviatura ...*

8 Escribe dos palabras derivadas de: *concejal, diputado, ministro, director, presidente, congreso.*

Ejemplo: senado → senador

Escribe una instancia

Toma este texto como modelo

......., de ... años de edad, con DNI n.° ...., con domicilio en ...., calle ...., n.°... C.P. ...

EXPONE:

- Que ha visto en la prensa local el anuncio del Ayuntamiento en el que se solicita la colaboración de jóvenes para el desarrollo de los talleres de ocio y tiempo libre en los centros escolares de la provincia.

- Que se siente en condiciones de participar en dichos talleres y tiene la ilusión de trabajar con niños y adolescentes en edad escolar.

- Que, a su vez, por sus condiciones personales y familiares, necesita la aportación económica que de la actividad se deriva.

Por todo ello,

SOLICITA:

Que tengan en cuenta su petición en la selección de monitores para la próxima temporada en el Ayuntamiento que usted preside.

Lugar, fecha, firma

SR. ALCALDE DEL AYUNTAMIENTO DE ...

Observa

✓ La estructura está predeterminada.

✓ Su lenguaje es muy sencillo y los enunciados son cortos para facilitar la comprensión del documento.

Y redacta una instancia

- Vas a dirigir tu instancia al consejero o consejera de educación de tu comunidad.
- Determina primero cuál es motivo de tu solicitud.
- Recuerda que la forma de la instancia está ya fijada y es necesario atenerte a ella.
- Haz una primera redacción de tu instancia y corrige lo que creas que no está bien.
- Escribe el texto definitivo.

3 Lengua: El sintagma verbal (I)

3.1 La estructura del sintagma verbal

El **sintagma verbal** (SV) tiene como **núcleo** (N) un **verbo,** que puede estar acompañado por otras palabras: **los complementos.**

Son complementos del verbo: el complemento directo (CD), el complemento indirecto (CI), el complemento de régimen (CR), el complemento agente (CAg.), los complementos circunstanciales (CC), el atributo (Atrib.) y el predicativo (Pred.).

En esta unidad se presentarán el complemento directo y el indirecto.

Por ejemplo:

Marta	*envió*	*ayer*	*una postal*	*a sus amigas.*
N	N	CC	CD	CI
S (SN)			P (SV)	

El **sintagma verbal** funciona siempre como el **predicado** de una oración.

3.2 El verbo, núcleo del SV

El **verbo** es una palabra variable que expresa una acción o un estado que se desarrolla en el tiempo: *silbar, comer, conducir.*

Desinencias del verbo	
Número	• Singular *(dibujo, dibujas, dibuja)* • Plural *(dibujamos, dibujáis, dibujan)*
Persona	• Primera *(yo informo, nosotros informamos)* • Segunda *(tú informas, vosotros informáis)* • Tercera *(ella informa, ellas informan)*
Tiempo	• Pasado o pretérito *(ella conquistó)* • Presente *(tú conquistas)* • Futuro *(ellos conquistarán)*
Modo	• Indicativo *(yo ladro, yo aprendo, yo río)* • Subjuntivo *(yo ladre, yo aprenda, yo ría)* • Imperativo *(ladra tú, aprende tú, ríe tú)*
Aspecto	• Tiempos perfectos *(yo tuve, yo he ahorrado, yo había dicho)* si la acción se considera acabada. • Tiempos imperfectos *(yo limpiaba)* si se considera no acabada.

La **conjugación verbal** es el conjunto de todas las formas que puede adoptar el verbo como resultado de unir a su raíz todas las desinencias: *lavo, lavaba, lavé, lavaré, lava...*

Hay **tres conjugaciones** verbales:

- La **primera** agrupa a los verbos cuyo infinitivo acaba en *-ar.*
- La **segunda** agrupa a los verbos cuyo infinitivo acaba en *-er.*
- La **tercera** agrupa a los verbos cuyo infinitivo acaba en *-ir.*

En la web

Puedes recordar los contenidos que estudiaste el curso pasado sobre el **verbo** en «Lengua: Clases de palabras».

En la conjugación se diferencian dos grupos de formas verbales:

- Las **formas simples,** que están formadas por la raíz del verbo que se conjuga más sus desinencias: *solucion-ó, luc-ían, salud-aban.*
- Las **formas compuestas,** que están integradas por una forma simple del verbo auxiliar *haber* más el participio del verbo que se conjuga: *han solucionado, habrían lucido, habíamos saludado.*

Las formas simples y compuestas se agrupan en distintos tiempos de la conjugación, de manera que a cada tiempo simple le corresponde un tiempo compuesto.

En la web

Puedes consultar la conjugación de los **verbos regulares** y los contenidos relacionados con los **verbos irregulares** en «Lengua: clases de palabras-Paradigmas verbales».

Formas verbales simples			Formas verbales compuestas		
	Indicativo	**Subjuntivo**		**Indicativo**	**Subjuntivo**
Presente	canto	cante	**Pretérito perfecto compuesto**	he cantado	haya cantado
Pretérito imperfecto	cantaba	cantara o cantase	**Pretérito pluscuamperfecto**	había cantado	hubiera o hubiese cantado
Pretérito perfecto simple	canté		**Pretérito anterior**	hube cantado	
Futuro simple	cantaré	cantare	**Futuro compuesto**	habré cantado	hubiere cantado
Condicional simple	cantaría		**Condicional compuesto**	habría cantado	

Comprende, piensa, aplica...

1 Copia estas oraciones en tu cuaderno y señala el sintagma verbal predicado y su núcleo:

- *El reloj marcaba la hora lentamente.*
- *Sus compañeros alabaron su trabajo.*
- *Ella tenía una manzana en su mesa.*
- *Su hermano necesitaba una colonia.*

2 **Clasifica** los verbos siguientes según pertenezcan a la 1.ª, 2.ª o 3.ª conjugación. ¿Cuáles de estos verbos son irregulares?:

cupiste	*cayó*	*diréis*
pintamos	*anduve*	*saltaré*
dibujaremos	*tuvimos*	*condujo*

3 **Analiza** morfológicamente, como en el ejemplo, los verbos del texto siguiente:

A poco de llegar, la chica le dijo al viejo: «Daría dos dedos de la mano por aprender a leer, ya ve». Entonces el señorito rompió a reír y dijo: «Hija, eso no cuesta dinero». Y se puso a la tarea. Pero la muchacha [...] necesitó un año, cinco meses y siete días para dominar el abecedario sin vacilación. Y una tarde, de pronto, el endiablado mundo de las letras, que ella consideraba definitivamente sometido, se amplió hasta lo inverosímil.

Miguel Delibes, *La hoja roja,* Destino.

Ejemplo:

Llegar: infinitivo, 1.ª conjugación.

Dijo: 3.ª persona del singular del pretérito perfecto simple de indicativo del verbo de la 3.ª conjugación *decir.*

4 **Relaciona** cada forma simple con la forma compuesta correspondiente:

Pretérito perfecto simple	Condicional compuesto
Presente	Pretérito anterior
Pretérito imperfecto	Futuro compuesto
Condicional simple	Pretérito pluscuamperfecto
Futuro simple	Pretérito perfecto comp.

3.3 El complemento directo

El **complemento directo** (CD) es una función sintáctica que expresa la persona o cosa sobre la que recae directamente la acción del verbo: *El campesino araba la tierra; Construyeron esa casa; ¿Nos llevas en el coche?*

Por ejemplo:

Sus amigos	*han preparado*	*su fiesta de cumpleaños.*
	N	CD
S (SN)	P (SV)	

El leísmo

El **leísmo** se produce cuando se utilizan los pronombres personales *le* o *les* en función de CD, en lugar de *lo, la, los, las.*

La Real Academia Española autoriza el leísmo en masculino singular *(le)* cuando hace referencia a personas: *A tu padre le vi en el mercado.*

Características del complemento directo

- Realizan la función de CD sintagmas nominales: *Leían unos tebeos; Hacen la compra.*
- Se pueden sustituir por los pronombres personales *lo, la, los, las:*
  - *Hay mucho dinero.* → *Lo hay.*
  - *Subió la cuesta.* → *La subió.*
  - *Terminó los deberes.* → *Los terminó.*
  - *Cantaba las canciones.* → *Las cantaba.*
- El complemento directo antepuesto al verbo aparece normalmente duplicado con el pronombre correspondiente: *La fruta la compran en el mercado; A mis primas no las veo desde Navidad.*
- Los complementos directos que se refieren a seres animados llevan normalmente la preposición *a: Vencieron al enemigo* (frente a *Vencieron muchas dificultades*).

Comprende, piensa, aplica...

5 **Identifica** los CD en las siguientes oraciones:

- *El preso dijo toda la verdad.*
- *Todos apoyaron su propuesta.*
- *Nos cuentan muchas mentiras.*
- *Durante la mañana apagó la radio.*

6 Copia en tu cuaderno estas oraciones y sustituye por pronombres los CD subrayados:

- *Ella cambió su actitud.*
- *Pintaron la ventana de rojo.*
- *Esta mañana hace mucho frío.*
- *Por las noches siempre toma un vaso de leche.*

7 Escribe de nuevo estas oraciones colocando el CD delante del verbo. Observa el ejemplo y explica qué ocurre:

Él trajo su móvil → Su móvil lo trajo él.

- *Vendimian la uva en octubre.*
- *Rechazaron la oferta por ilegal.*

8 **Explica** por qué llevan preposición los CD en los ejemplos siguientes:

- *María alabó a sus alumnos.*
- *La veterinaria examinó al perro.*

3.4 El complemento indirecto

El **complemento indirecto** (CI) es una función sintáctica que suele expresar el destinatario del significado del verbo: *El vecino me entregó las llaves; Llevó el perro al veterinario; Cepillaba todos los días el pelo a la niña.*

Por ejemplo:

La profesora	*señalaba*	*el lugar*	*a sus alumnos.*
	N	CD	CI
S (SN)	P (SV)		

El laísmo y el loísmo

- El **laísmo** se produce cuando se usan los pronombres *la* o *las* en función de CI. Se debe decir *Le pasé a ella la llamada* y no **La pasé a ella la llamada.*
- El **loísmo** se produce cuando se usan los pronombres *lo* o *los* en función de CI. Se debe decir *Le di a él la noticia* y no **Lo di a él la noticia.*

Características del complemento indirecto

- Realizan la función de CI sintagmas nominales precedidos de la preposición *a: Contaba buenos chistes al público; Ha vendido toda la mercancía a los clientes.*
- Se pueden sustituir por los pronombres personales *le, les:*
  - *Abrió la puerta a los invitados.* → *Les abrió la puerta.*
  - *María decía la verdad a su amiga.* → *María le decía la verdad.*
- El complemento indirecto puede aparecer duplicado con el pronombre correspondiente: *Llévale esta carta al abuelo; Le arrebató el poder a la directiva.*
- Cuando uno de los pronombres de CI *(le, les)* coincide con un pronombre en función de CD *(lo, la, los, las),* se transforma automáticamente en *se: Llévale esta carta al abuelo,* se convertiría en *Llévasela* (o en *Se la lleva),* en lugar de **Llévalela* (o **Le la lleva*).

Comprende, piensa, aplica...

9 **Identifica** el CI en los siguientes ejemplos:

- *José dio las gracias a todos.*
- *Sube este paquete a la directora.*
- *Maria ha comprado un sombrero a su hija.*
- *Todos los días escribe un mail a su madre.*
- *Esa ley recorta el sueldo a los trabajadores.*
- *Los compañeros regalaron un disco a María.*
- *El presidente entregó la medalla al vencedor.*

10 Copia en tu cuaderno las oraciones anteriores sustituyendo el CI por el pronombre correspondiente.

11 Escribe las oraciones de la actividad 9 sustituyendo el CD y el CI por los pronombres correspondientes.

12 Sustituye los CD y los CI de las oraciones siguientes por pronombres personales:

- *Aquel hombre debía dinero a sus vecinos.*
- *El director escribió una nota a los empleados.*
- *Los montañeros lanzaron una cuerda al accidentado.*

13 **Completa** en tu cuaderno las oraciones siguientes con CD y CI:

- *Tú publicaste ... ...*
- *Ellos escribieron ...*
- *Aquella llamada dio ...*
- *El bibliotecario pidió ...*
- *La organización repartía ...*
- *La diseñadora había dibujado ...*

Refuerza lo que has aprendido

1 Lee con atención el texto siguiente:

Los viajeros del metro

Aquella noche, la del reto, soñé que Alber y yo íbamos a pintar el chalé de don Vicente en una noche estrellada, y que el Lobo Rosario soltaba tres lobos negros, que nos perseguían aullando y babeando [...], y justo antes de que nos alcanzaran, me desperté. Me asomé a la ventana y vi abajo a mi hermano. [...]. Eran las cinco de la madrugada. Me puse apresuradamente unos pantalones encima de los calzoncillos, una camiseta y las zapatillas, y bajé. Mi hermano reconoció el sonido de mis pasos, porque empezó a hablarme sin volverse, sin haberme visto.

—En el metro todo el mundo va triste, aburrido, ¿no te has fijado nunca? Claro, tú siempre vas leyendo, pero yo no, yo me fijo en las caras de la gente, en el metro están muertos y reviven cuando salen.

Se volvió. Estaba pálido. Pensé que tenía fiebre.

Martín Casariego, *El chico que imitaba a Roberto Carlos,* Anaya.

2 Trabaja sobre el texto:

a) ¿Dónde se desarrolla el diálogo entre los dos protagonistas?

b) ¿En qué momento del día ocurre?

c) ¿Qué le dice al protagonista su hermano?

d) ¿Cómo crees que es su estado de ánimo?

3 **Analiza** las oraciones subrayadas en el texto y distingue en ellas el sujeto, el predicado, el núcleo del predicado y el CD.

4 Localiza en el texto un ejemplo de las siguientes formas verbales:

- 1.ª persona del singular del pretérito perfecto simple de indicativo.
- 1.ª persona del plural del pretérito imperfecto de indicativo.
- Gerundio.
- 3.ª persona del plural del pretérito imperfecto de indicativo.
- 1.ª persona del singular del presente de indicativo.
- 3.ª persona del singular del presente de indicativo.
- Infinitivo.

5 **Completa** las siguientes oraciones añadiéndoles un CD y un CI.

Ejemplo:
Mi amiga compró globos (CD) a los niños (CI).

– *Juan escribió ... ...*

– *Ese hombre regaló ... ...*

– *Los vecinos de Ana entregaron ... ...*

6 Indica si en las siguientes oraciones se produce leísmo, laísmo o loísmo:

– *A María la dije algunas verdades.*

– *Los ordenó que no gritaran.*

– *A su madre le llama todos los días.*

7 **Copia** correctamente en tu cuaderno las oraciones de la actividad anterior.

8 Completa en tu cuaderno estas oraciones con un CD. Después, anteponlo al verbo y realiza los cambios necesarios. No olvides añadir el pronombre personal correcto.

– *Luis aprobó ...*

– *Quiero mucho ...*

– *Por las mañanas se lava ...*

– *Mamá llamó por teléfono ...*

Utiliza adecuadamente la lengua

Elaborad un aviso por megafonía

Vais a escribir en parejas varios avisos para leerlos después por megafonía.

1 Escuchad este aviso. Puede serviros de modelo para elaborar los vuestros.

> 10 Atención, señores viajeros: próxima parada, Sevilla Santa Justa. No olviden recoger sus objetos personales antes de salir del tren. Gracias por utilizar nuestros servicios.

2 Divídíos en parejas y escribid un aviso para cada situación:

a) El supermercado cierra a las 20.00, una hora antes de lo habitual.

b) Todos los alumnos de 2.° deben bajar al salón de actos a una hora determinada para ensayar la obra que va a representarse ante todo el colegio.

c) En un aeropuerto, se requiere la presencia de una viajera porque su vuelo está a punto de partir. Se indica su nombre completo, el destino y la hora de salida del vuelo.

3 Ensayad en parejas la lectura de vuestros avisos hasta que podáis decirlos de memoria y con la entonación adecuada.

4 Buscad una melodía que preceda y cierre vuestras palabras.

5 Dramatizadlos ante la clase incorporando la melodía elegida.

6 Votad los avisos que más os hayan gustado y explicad por qué.

Observa

- ✓ Se incluye el destinatario del aviso.
- ✓ Se utiliza el pronombre personal *ustedes* para dirigirse al destinatario, cuando es desconocido, como tratamiento de cortesía.
- ✓ Se informa brevemente del contenido del aviso.

Recuerda

Debéis adaptar vuestro texto al destinatario a quien os dirigís.

4 Ortografía: La letra *b* y la letra *v*

Se escriben con *b*

- Las palabras que empiezan por los prefijos **bi-** o **bis-,** que significan 'dos' o 'dos veces' (*bicolor, bisnieto*).
- Las palabras que empiezan por **biblio-** (*biblioteca*) o **bio-** (*bioquímica*).
- Las palabras terminadas en **-ble** (*flexible*) y **-bilidad** (*habilidad*), excepto *movilidad.*
- Los verbos cuyo infinitivo acaba en **-buir** (*distribuir*) y en **-bir** (*recibir*), excepto *vivir, servir, hervir* y sus derivados o compuestos.
- Todas las formas de los verbos **beber, caber, deber, haber, saber** y sus derivados.
- Todas las terminaciones verbales del pretérito imperfecto de indicativo de la 1.ª conjugación (*cantaba, saltabas...*) y las del verbo *ir* (*iba, ibas...*).
- Los palabras compuestas y derivadas de aquellas que se escriben con *b.*

En la web

Puedes realizar las **actividades interactivas** sobre la **b** y la **v** en «Ortografía: Uso de las letras».

Se escriben con *v*

- Los adjetivos llanos acabados en las terminaciones **-avo** (*octavo*), **-ava** (*eslava*), **-evo** (*nuevo*), **-eva** (*nueva*), **-ivo** (*relativo*), **-iva** (*negativa*), **-ave** (*suave*), **-eve** (*leve*).
- Las palabras que empiezan por **eva-** (*evasivo*), **eve-** (*evento*), **evi-** (*evitar*), **evo-** (*evocador*), excepto *ébano.*
- Las palabras que empiezan por los prefijos **vice-** (*vicepresidente*), **viz-** (*vizconde*), **vi-** (*virrey*), cuando significan 'en lugar de'.
- Las palabras terminadas en **-voro** (*carnívoro*) y **-vora** (*carnívora*), excepto *víbora.*
- El pretérito perfecto simple de los verbos que acaban en **-uve,** excepto *hube.*
- Los verbos acabados en **-olver** (*volver*).
- Los compuestos y derivados de las palabras con *v.*

Comprende, piensa, aplica...

1 Completa en tu cuaderno estas palabras con *b* o *v* y explica qué regla ortográfica concreta sigue cada una de estas palabras:

...ioética	*de...erás*	*i...an*
escla...o	*en...uelto*	*e...aporar*
...isnieto	*resol...er*	*reci...ió*
ha...íamos	*inscri...ir*	*ha...ían*
mo...ilidad	*her...í...oro*	*nue...a*
e...acuación	*...icerrector*	*contri...uyente*

2 Escribe en tu cuaderno dos palabras que lleven cada uno de los prefijos siguientes: *biblio-, bio-* y *bi-* (recuerda que este prefijo debe significar 'dos').

3 Anota palabras derivadas de los siguientes verbos: *hervir, servir, vivir.*

4 **Escribe** en tu cuaderno al lado de cada uno de estos adjetivos el sustantivo derivado acabado en *-bilidad.*

Observa el ejemplo:

contable → *contabilidad*

posible	*amable*	*flexible*
potable	*responsable*	*visible*
estable	*susceptible*	*culpable*

5 **Consulta** en la web el apartado dedicado a los verbos irregulares y escribe el pretérito perfecto simple de indicativo del verbo *estar.*

6 **Escribe** adjetivos acabados en *-ivo* a partir de los siguientes verbos: *nutrir, explotar, pensar, expresar, comunicar, prohibir.*

Practica con un texto

1 Lee con atención el texto siguiente:

Para consolarme, Sulpicio me llevó a la biblioteca de Apolo, mientras me iba repitiendo que yo estaba hecho más para los libros que para las espadas del Campo de Marte.

En la sala grande, a la entrada, nos encontramos con dos viejecitos que charlaban en una mesa. La curiosidad con que los miraba Sulpicio me empujó a preguntarle quiénes eran.

—El que tiene el codo apoyado es Tito Livio —me contestó en voz baja mi preceptor con cierto orgullo.

—¿El historiador?

—Sí, justamente.

Había leído algo de sus escritos cuando iba a la escuela, y me emocionó verlo. Me parecía imposible estar viendo en carne y hueso a un autor que se estudiaba en las clases. Pensaba que un autor que era materia de estudio para los escolares tenía que estar obligatoriamente muerto, como pasaba con Horacio, por ejemplo; lo miraba fijamente como para convencerme de que estaba allí de verdad. Apenas si oía a Sulpicio, que proseguía su presentación.

—Y el que lleva una toga de senador es Polión.

—¿Quién es Polión?

—¿Cómo, no lo conoces? —exclamó sorprendido mi preceptor—. Es otro historiador famoso, ha escrito la historia de las guerras civiles, donde habla también de tu abuelo.

Sauro Marianelli, *Una historia en la Historia,* Bruño.

2 Comprende este texto:

a) ¿A qué personajes se alude en el texto? ¿Conoces a alguno? ¿En qué época histórica los situarías?

b) El protagonista de la novela es el joven Claudio, que llegó a ser emperador de Roma. **Busca información** sobre él. ¿Qué peculiaridad tenía? ¿Quién fue su abuelo?

c) Ponle un título al fragmento que resuma el tema principal del que trata.

Anfiteatro romano.

3 Explica qué regla ortográfica siguen las palabras subrayadas del texto.

4 Señala los verbos del texto que estén en pretérito imperfecto de indicativo de la primera conjugación.

5 En el texto aparece el verbo *tener.* ¿Cuál es su pretérito perfecto simple? Escríbelo en tu cuaderno.

6 Completa en tu cuaderno estas palabras con la sílaba que falta. Todas son verbos acabados en *-bir:*

...cribir	*...hibir*	*re...bir*
per...bir	*con...bir*	*su...bir*

7 Escribe las palabras que corresponden a las definiciones siguientes. Todas ellas tienen *b* o *v:*

- Que habla dos lenguas.
- Que ocupa el lugar número ocho.
- Burbujear un líquido por calentamiento.
- Persona que no tiene domicilio, ni ocupación y anda de un lado a otro.

Un itinerario en diversos medios de transporte

emprender aprender

Billete metro	1 zona	2 zonas
Sencillo	1,50 €	2,10 €
Ida y vuelta	2,90 €	4,00 €
Bonometro	7,20 €	10,40 €

FGV (Ferrocarrils de la Generalitat Valenciana).

Analizad este plano de metro

Observad con atención una parte del plano de metro de Valencia y leed las tarifas de los billetes:

- Las líneas 4, 6 y 8 son de tranvía. ¿Sabéis qué es un tranvía? **Consultad el diccionario.**
- Si os encontráis en la estación de Colón, ¿qué líneas podéis coger?
- Desde la estación de Alameda, ¿cómo podéis llegar a Rosas? ¿Dónde haríais trasbordo?
- Si durante la semana utilizáis el metro 10 veces y pasáis por dos zonas (por ejemplo, la A y la B), ¿qué tipo de billete os saldría más económico?

Cread vuestro propio itinerario

En grupos de cuatro o cinco, elaborad un itinerario para viajar a una localidad que tenga metro de otra comunidad autónoma.

- Las únicas cuestiones fijas serán:
  - El punto de partida será el centro escolar, y el de llegada, un lugar concreto de la ciudad elegida.
  - Cada grupo utilizará al menos dos medios de transporte y uno será el metro.
  - El gasto deberá ser el más barato posible.
- Seguid estos pasos:
  - Seleccionad qué medios de transporte diferentes utilizaréis: autobús, tranvía, tren, etc.
  - Informaos de los horarios y elegid los que mejor os vayan.
  - **Conseguid un plano** de la localidad de destino y de su metro.
  - Calculad lo que os cuesta cada trayecto.
- Elaborad un informe con vuestro itinerario, la hora de llegada al destino y el importe total.
- Exponed por grupos a la clase vuestro informe.

8

Un poema romántico

Cendal flotante de leve bruma,
rizada cinta de blanca espuma,
rumor sonoro
de arpa de oro,
beso del aura, onda de luz,
eso eres tú.

Tú, sombra aérea, que cuantas veces
voy a tocarte te desvaneces
como la llama, como el sonido,
como la niebla, como el gemido
del lago azul.

En mar sin playas onda sonante,
en el vacío cometa errante,
largo lamento
del ronco viento,
ansia perpetua de algo mejor,
eso soy yo.

¡Yo, que a tus ojos, en mi agonía,
los ojos vuelvo de noche y día;
yo, que incansable corro y demente
tras una sombra, tras la hija ardiente
de una visión!

Gustavo Adolfo Bécquer,
www.cervantesvirtual.com

Hablamos antes de empezar

- ¿Por qué creéis que este texto es literario?
- ¿Qué clase de complementos verbales son los sintagmas subrayados?
- ¿Sabéis qué clase de palabras son *tubo* y *tuvo*?

En esta unidad vais a trabajar

1. La lectura y el comentario de un texto literario.
2. El texto literario.
3. El sintagma verbal (II): el CR y el CC.
4. Las palabras homófonas con *b* y *v*.

Una inquietante huella humana

Cierto día en que me dirigía a la canoa, descubrí muy claramente las huellas de un pie descalzo. Nunca había sentido mayor espanto. Me detuve en seco, como si hubiera sido herido por un rayo o hubiese visto alguna aparición, y me puse a escuchar. Miré en torno mío, pero no vi ni oí nada. Subí a una pequeña eminencia para ver más a lo lejos, volví a bajar y caminé hasta la playa, pero tampoco percibí nada nuevo, ni ningún otro vestigio de hombre que ese de que acabo de hablar. Regresé con la esperanza de que mi temor no fuera, quizá, sino una imaginación sin fundamento, pero torné a ver las huellas de un pie descalzo, los dedos, el talón y todos los demás indicios de un pie de hombre.

No sabía qué pensar; corrí a mi fortificación muy turbado, mirando detrás de mí, a cada paso, tomando por hombres todos los matorrales que encontraba. No es posible así describir las diversas figuras que una imaginación asustada encuentra en todos los objetos. ¡Cuántas ideas locas y cuántos extraños pensamientos acudieron a mi mente mientras huía a mi fortaleza!

Apenas entré en ella, penetré como un hombre perseguido, y ni aún puedo recordar si entré por la escala o por el boquete de la roca que yo llamaba puerta. Estaba harto atemorizado para que permaneciese en mi cabeza ese recuerdo. Nunca conejo ni zorra se refugiaron en su madriguera con más espanto que yo en mi castillo, que así es como le llamaré en lo sucesivo.

Vocabulario

Eminencia: altura o elevación del terreno.

Vestigio: huella.

Harto: muy.

No pude dormir en toda la noche. A medida que me apartaba de la causa de mi pavor, se aumentaban aún más mis temores; espantosas ideas me turbaban de tal modo, que aun estando lejos del lugar en que había descubierto la huella, mi imaginación solo me ofrecía visiones tristes y horrorosas. ¿Qué seres habían dejado la huella que acababa de ver? [...]

¡De cuántas fuentes secretas, opuestas unas a otras, hacen surgir nuestras pasiones las diferentes circunstancias! Odiamos hoy lo que ayer queríamos. Deseamos con ardor un objeto, y momentos después no podríamos ni siquiera soportar su imagen. Era yo en aquella sazón un triste y típico ejemplo de tal verdad. En otro tiempo me atribulaba mortalmente el verme rodeado del vasto océano, condenado a la soledad, desterrado de la sociedad humana; me consideraba como un hombre a quien el cielo encuentra indigno de permanecer entre los vivos y de ocupar el menor lugar entre las criaturas, y la sola vista de un hombre me habría parecido una especie de resurrección y la mayor gracia, después de mi salvación, que hubiera podido obtener de la bondad divina. Ahora, en cambio, temblaba ante la sola idea de tropezar con un ser de mi misma especie, y la sombra de una criatura humana, una sola de sus huellas, me causaba el más mortal terror.

Daniel Defoe, *Robinson Crusoe,* Sarpe.

Vocabulario

Sazón: ocasión.

Atribular: causar una preocupación.

Comprende la lectura, piensa, investiga...

Comprende lo que has escuchado

1 ¿Qué descubre Robinson en la playa?

2 ¿Qué siente ante lo que ve?

3 ¿Qué hace entonces?

4 ¿Por qué reacciona de esta manera?

Comprende lo que has leído

5 ¿Encontró algún otro vestigio humano en la isla?

6 ¿A qué denomina Robinson *fortaleza?* ¿Qué otro sinónimo utiliza para referirse a ella?

7 ¿Por qué no pudo dormir en toda la noche?

8 ¿Qué se narra en el último párrafo?

Descubre la estructura del texto

9 Escribe un nuevo título para este fragmento.

10 ¿Quién es el narrador de la historia?

11 ¿De cuántas partes consta el texto? Resume en una oración de qué trata cada una de ellas.

12 Enumera los términos del campo de experiencia de *miedo* que aparecen en el texto.

Trabaja con las palabras

13 Clasifica las palabras de la actividad 12 en sustantivos y en adjetivos e indica a qué nombre califican estos últimos.

Busca información

14 **Busca información** sobre los naufragios reales en los que se inspiró Daniel Defoe, el autor, para ambientar su novela.

Reflexiona sobre el texto

15 ¿Por qué crees que Robinson Crusoe rehúye ahora la compañía humana?

2 Literatura: El texto literario

2.1 Características del texto literario

El **texto literario** es una forma de expresión artística en la que el autor utiliza de manera especial la lengua, para crear belleza con las palabras, expresar sus sentimientos y reflejar un mundo de ficción o imaginario como si fuera real.

El texto puede transmitirse de forma oral o escrita, y componerse en verso o en prosa.

Texto literario en prosa

El joven y el lobo

Un joven pastor, que cuidaba un rebaño de ovejas cerca de una villa, alarmó a los habitantes tres o cuatro veces gritando:

—¡El lobo, el lobo!

Pero cuando los vecinos llegaban a ayudarlo, se reía viendo sus preocupaciones. Mas el lobo, un día de tantos, sí llegó de verdad. El joven pastor, ahora alarmado él mismo, gritaba lleno de terror:

—Por favor, vengan y ayúdenme; el lobo está matando a las ovejas.

Pero ya nadie puso atención a sus gritos, y mucho menos pensar en acudir a auxiliarlo. Y el lobo, viendo que no había razón para temer mal alguno, hirió y destrozó a su antojo todo el rebaño.

«Al mentiroso nunca se le cree,
aun cuando diga la verdad».

Esopo

Texto literario en verso

El zagal y las ovejas

Apacentando un joven su ganado,
gritó desde la cima de un collado:
«¡Favor! que viene el lobo, labradores».
Estos, abandonando sus labores,
acuden prontamente,
y hallan que es una chanza solamente.
Vuelve a clamar, y temen la desgracia;
segunda vez los burla. ¡Linda gracia!
Pero ¿qué sucedió la vez tercera?
Que vino en realidad la hambrienta fiera.
Entonces el zagal se desgañita,
y por más que patea, llora y grita,
no se mueve la gente escarmentada,
y el lobo le devora la manada.
¡Cuántas veces resulta de un engaño,
contra el engañador el mayor daño!

Félix M. de Samaniego

Los autores en ambos casos han utilizado recursos lingüísticos especiales para crear un texto literario. En prosa, Esopo ha creado un mundo de ficción, mientras que en verso, Samaniego, además de este mundo de ficción, ha usado un número de sílabas y una rima determinada.

2.2 Los géneros literarios

Los **géneros literarios** son los grupos en los que se clasifican las obras literarias.

- El **género lírico** agrupa las obras, generalmente compuestas en verso, en las que el escritor expresa sentimientos y emociones por medio de un lenguaje cuidado y bello, tratando de hacer revivir tales experiencias en los lectores.
- El **género narrativo** se caracteriza por la existencia de un narrador que cuenta una serie de acontecimientos que les suceden a unos personajes en un tiempo y un lugar determinados. Puede escribirse en prosa o en verso. Pertenecen a este género el cuento, la leyenda, la novela...

Recuerda

La narración antigua en verso recibe el nombre de **épica.** Estos textos narran las hazañas de los héroes de la Antigüedad o medievales (por ejemplo, la *Ilíada* y la *Odisea*, de Homero; el *Cantar de Mio Cid* y los romances).

- El **género teatral** o **dramático** está formado por obras dialogadas, concebidas para ser representadas en la escena por actores. Pertenecen a este género la comedia, el drama, la tragedia, el entremés...
- Los **géneros didácticos** pretenden enseñar. Pertenecen a este género, por ejemplo, la fábula y el ensayo.

Comprende, piensa, aplica...

1 Lee con atención los siguientes textos y realiza las actividades:

La cebolla es escarcha
cerrada y pobre.
Escarcha de tus días
y de mis noches.
Hambre y cebolla,
hielo negro y escarcha
grande y redonda.

Miguel Hernández

cebolla. f. Planta hortense, de la familia de las liliáceas, con tallo de 60 a 80 cm de altura, hueco, fusiforme e hinchado hacia la base, hojas fistulosas y cilíndricas, flores de color blanco verdoso en umbela redonda, y raíz fibrosa que nace de un bulbo esferoidal, blanco o rojizo, formado de capas tiernas y jugosas, de olor fuerte y sabor más o menos picante.

Diccionario de la RAE

a) Solo uno de estos dos textos es literario. Indica cuál es y **justifica** tu respuesta.

b) ¿A qué género pertenece el primer texto?

c) Busca otro ejemplo de texto lírico y escríbelo en tu cuaderno.

2 **Justifica** a qué géneros literarios pertenecen estos fragmentos:

Texto 1

En Sevilla hay una casa
y en la casa, una ventana
y en la ventana, una niña
que en el río se miraba...

Canción popular

Texto 2

(Habitación con salida a un invernadero).

TÍO.—¿Y mis semillas?

AMA.—Ahí estaban.

TÍO.—Pues no están.

TÍA.—Eléboro, fucsias y los crisantemos, Luis Passy violáceo y altair blanco plata con puntas heliotropo.

TÍO.—Es necesario que cuidéis las flores.

AMA.—Si lo dice usted por mí...

TÍA.—Calla. No repliques.

Federico G. Lorca

Texto 3

Desde el principio de mis investigaciones educativas fui consciente de que la familia es una pieza fundamental en la educación. Durante los últimos años se ha criticado mucho a los padres el haber delegado su responsabilidad en la escuela, los psicólogos o los pedagogos, pero, lo cierto es que nos encontramos ante un momento de cambio [...].

José A. Marina

Texto 4

Todos vivían tranquilos y contentos. Pero una tarde, mientras dormían la siesta, un yacaré se despertó de golpe y levantó la cabeza [...].

Horacio Quiroga

2.3 Los recursos literarios

Los **recursos literarios** son los procedimientos lingüísticos que utiliza el autor de un texto literario para embellecerlo y hacerlo más expresivo.

Clases de recursos literarios	
Recursos fónicos	Están relacionados con los sonidos de las palabras. Ya estudiaste el curso pasado la *paronomasia*, la *aliteración* y la *onomatopeya*.
Recursos semánticos	Están relacionados con el significado de las palabras. Ya conoces la *comparación*, la *metáfora* y la *personificación*, y este año estudiarás la *metonimia* y la *hipérbole*.
Recursos morfosintácticos	Están relacionados con la distribución de las palabras y los enunciados en el texto literario. Este año estudiarás la *anáfora*, el *paralelismo*, el *epíteto* y el *hipérbaton*.

Recuerda

- La **paronomasia** es la repetición de palabras que tienen sonidos parecidos y significados diferentes: *tres tristes tigres*.
- La **aliteración** es la repetición de sonidos iguales o parecidos: *un susurro de abejas que sonaba*.
- Las **onomatopeyas** son palabras que imitan sonidos de la realidad: *ipssssss!*

Otros recursos semánticos

- La **metonimia** consiste en el empleo de una palabra o realidad para designar a otra con la que mantiene una relación. Existen diferentes tipos de metonimia:
  - El todo por la parte: *Peinó al niño* (en lugar de *el pelo del niño*).
  - La parte por el todo: *Tiene mil cabezas de ganado* (en lugar de *vacas*).
  - El continente por el contenido: *Se tomaron unas latas* (por *refrescos*).
  - El autor por la obra: *Tienen en su casa un Dalí* (por *un cuadro de Dalí*).
  - El instrumento por el artista: *Es un batería genial* (por *un músico que toca la batería*).
  - La materia por el objeto: *Vendió tres óleos en la exposición* (por *cuadros*).
- La **hipérbole** consiste en la exageración de la realidad. Por ejemplo: *Llora el uno, llora el otro, / la cama bañan en agua.*

Los recursos morfosintácticos

- La **anáfora** y el **paralelismo** son dos recursos que suelen aparecer juntos. La anáfora es la repetición de una palabra o palabras al comienzo de cada enunciado, y el paralelismo es la repetición de una misma estructura sintáctica. Observa en el ejemplo cómo se repite *«hay más* + adjetivo + *que tú»:*

  Hay más altas que tú, más altas.
  Hay más puras que tú, más puras.
  Hay más bellas que tú, hay más bellas.

  Pablo Neruda

- El **epíteto** es un adjetivo cuyo significado está incluido en el del sustantivo al que acompaña. Aunque redundante, su uso aporta expresividad: *blanca nieve, altos rascacielos.*
- El **hipérbaton** es la alteración del orden habitual de los elementos de un enunciado. En castellano este orden suele ser «sujeto + verbo + complementos»: *Volverán del amor en tus oídos / las palabras ardientes a sonar* (Gustavo A. Bécquer). El enunciado ordenado sería: *Las palabras ardientes del amor volverán a sonar en tus oídos.*

En la web

Puedes ampliar información sobre estos y otros **recursos literarios** en «Literatura: Recursos literarios».

Comprende, piensa, aplica...

3 **Identifica** los siguientes recursos literarios en estos fragmentos:

- Anáfora:

Y yo me iré; y estaré solo, sin hogar, sin árbol
verde, sin pozo blanco,
sin cielo azul y plácido...
Y se quedarán los pájaros cantando.
Juan Ramón Jiménez

- Hipérbaton:

De la luna a los reflejos,
a lo lejos
árabe torre se ve,
y el agua del Darro pura
bate oscura
del muro el lóbrego pie.
José Zorrilla

- Paralelismo:

Me estoy mirando en tus ojos.
Me estoy oyendo en tu voz.
Me estoy soñando en tu alma:
sintiendo en tu corazón.
José Bergamín

- Aliteración:

A la trilla, trilladores,
que el alba amarilla brilla,
y las estrellas rastrilla
y es ya amarilla Castilla.
A la trilla.
Gerardo Diego

- Paronomasia:

La pintura es arte óptico
la poesía arte óptimo.
Gloria Fuertes

4 **Señala** a qué clase pertenecen las metonimias de estos enunciados e indica la palabra o palabras que sustituyen.

- *Nunca he leído a Cervantes.*
- *Brasil ha ganado a Argentina.*
- *Juan ha pedido la mano de Teresa.*
- *Son las mejores raquetas del momento.*

5 Sustituye las palabras siguientes por una metonimia y escribe una oración con cada una de ellas:

soldado	*vaso*	*taza*
violinista	*pintor*	*escritora*

6 ¿Qué recurso literario ha empleado el poeta en estos versos? **Justifica** tu respuesta.

Con diez cañones por banda,
viento en popa, a toda vela,
no corta el mar, sino vuela
un velero bergantín.
J. de Espronceda

7 Localiza en estos versos metáforas, personificaciones y comparaciones.

Recuerda

- La **comparación** es un recurso semántico que consiste en relacionar dos realidades que se parecen. Normalmente, se unen mediante el nexo *como* o el verbo *parecer: Sus manos parecían dos gaviotas.*
- La **metáfora** es un recurso semántico que relaciona, también, dos realidades que se parecen, pero en este caso se identifican mediante el verbo *ser*, la preposición *de* o están separadas por una coma: *su risa es un cascabel; el oro de sus cabellos; amapola, sangre de la tierra.*
- La **personificación** consiste en atribuir cualidades de los seres humanos a objetos o a animales: *El tren tose asmáticamente por la ladera.*

- *Cada canción / es un remanso / de amor* (Federico G. Lorca).
- *Si las violetas se aburren, / es porque están nostálgicas de moaré y abanicos* (R. Alberti).
- *Unos cuerpos son como flores. / Otros como puñales, / otros como cintas de agua; / pero todos, temprano o tarde, / serán quemaduras que en otro cuerpo se agranden* (L. Cernuda).
- *¡Cómo se mueve en las hojas / el agua diciendo adioses / a las fugitivas nubes / que van por el horizonte!* (M. Altolaguirre).

Refuerza lo que has aprendido

1 Explica por qué el texto siguiente es literario:

El rayito de sol

Al niño chico lo ha despertado en la cuna un rayito de sol. Que entra en el cuarto oscuro de verano por una rendija de la ventana cerrada.

Si se hubiera despertado sin él, el niño se habría echado a llorar llamando a su madre. Pero la belleza iluminada del rayito de sol le ha abierto en los mismos ojos un paraíso florido y mágico que lo tiene suspenso.

Y el niño palmotea, y ríe, y hace grandes conversaciones con las dos manos, los dos pies y arrullando su delicia.

Juan R. Jiménez

2 Completa en tu cuaderno estos enunciados con el recurso literario que se indica entre paréntesis:

- *Gritaba tan fuerte que ... (hipérbole).*
- *La luna ... en el cielo (personificación).*
- *Tus cabellos ... hilos de oro (metáfora).*
- *La ... senda bajaba por las ... laderas (epítetos).*

3 **Selecciona** tres opciones de las siguientes que indiquen la intención del autor de un texto literario:

Producir belleza	Vender libros
Anunciar un producto	Argumentar una opinión
Expresar sentimientos	Crear un mundo de ficción

4 Lee con atención este fragmento de un poema y contesta a las preguntas:

[...]
En el corazón tenía
la espina de una pasión;
logré arrancármela un día:
ya no siento el corazón.

[...]
Mi cantar vuelve a plañir:
«Aguda espina dorada,
quién te pudiera sentir
en el corazón clavada».

Antonio Machado

a) Busca el significado de *plañir.* ¿Qué recurso literario aparece en ese primer verso?

b) La metáfora «Aguda espina dorada», ¿a qué término real se refiere?

Amplía tu vocabulario: Recursos literarios cotidianos

5 En publicidad es muy habitual el uso de metáforas. **Imagina** a qué productos comerciales pueden corresponder las expresiones metafóricas siguientes:

- *Tu rayo diario de sol.*
- *El fresco del barrio.*
- *Compre ilusión.*
- *Un sueño junto al mar.*

6 Explica qué otros recursos literarios se utilizan en los eslóganes publicitarios siguientes:

- *Más bueno que el pan.*
- *Salvajemente buenos.*
- *Y tus defensas, ¿han desayunado?*

7 **Busca en el diccionario** el significado de estas expresiones metafóricas si no las conoces y escribe una oración con cada una de ellas:

- *Marear la perdiz.*
- *Estar en las nubes.*
- *Morderse la lengua.*
- *Andarse por las ramas.*
- *Subirse por las paredes.*
- *No tener pelos en la lengua.*

8 ¿Con qué expresión metafórica se conoce a los estudiantes que halagan en exceso a los profesores para conseguir mejores notas?

9 Explica por qué es una metonimia la expresión *Se plantó delante de sus narices con su bici nueva.*

Crea un texto literario

El **caligrama** es un tipo de poema que no sigue la disposición lineal de los versos, sino que los coloca de manera que representen su contenido.

Toma este caligrama como modelo

Observa este caligrama de Vicente Huidobro:

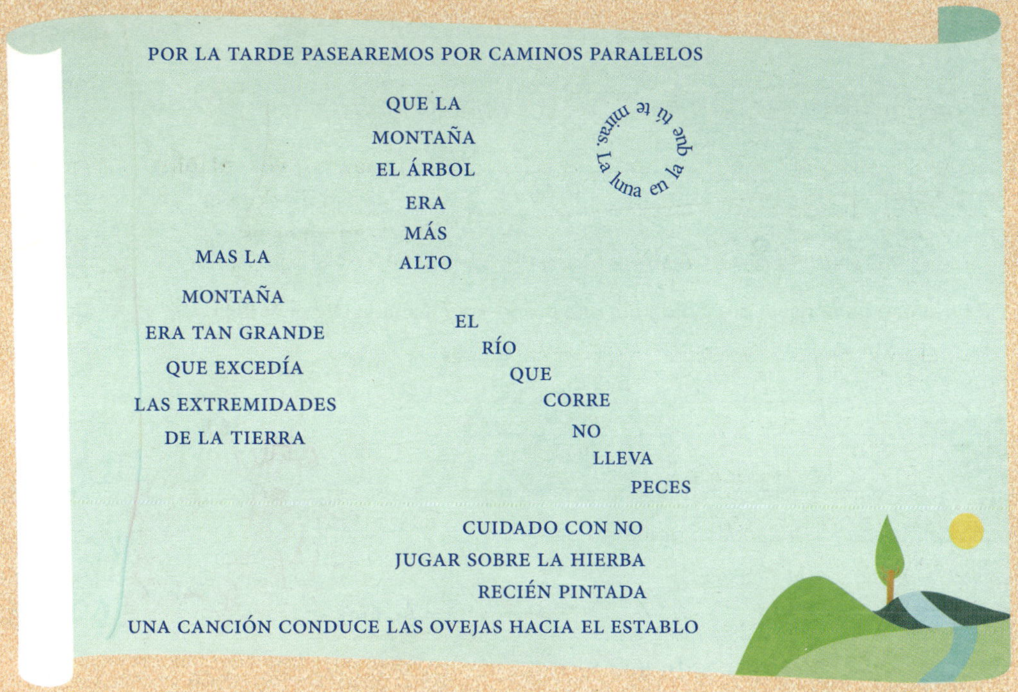

- ¿Qué forma adoptan los versos en los que se habla de la luna?
- ¿Por qué el verso que alude al árbol está colocado más arriba que el verso que habla de la montaña?
- ¿Qué pretende imitar el verso dedicado al río?
- ¿Por qué el verso que habla de las ovejas es el único que mantiene el orden lógico del verso?

Escribe un caligrama

Para describir un lugar mediante un caligrama:

✓ Selecciona los elementos que quieres destacar del lugar que vas a describir.

✓ Anota lo que te sugieren.

✓ Escribe un poema de no más de ocho versos.

✓ Dibuja a lápiz el lugar que estás describiendo.

✓ Escribe sobre las líneas del dibujo los versos que has compuesto para describir dicho paisaje. Después, borra las líneas del dibujo y ya tienes tu caligrama.

3 Lengua: El sintagma verbal (II)

3.1 El complemento de régimen

El **complemento de régimen** (CR) es una función sintáctica que algunos verbos como *quejarse, atreverse, insistir, confiar...* necesitan para completar su significado.

Por ejemplo:

Sus	*compañeros*	*confiaban*	*en sus buenas ideas.*
Det.	N	N	CR
S (SN)		P (SV)	

Algunos verbos que se construyen con CR

- Acceder (a).
- Abusar (de).
- Adecuar (a).
- Carecer (de).
- Confiar (en).
- Confundir (con)
- Constar (de).
- Desconfiar (de).
- Insistir (en).
- Influir (en).
- Invitar (a).
- Librar (de).
- Obligar (a).
- Renunciar (a).

Características del complemento de régimen

- Funciona como CR un sintagma nominal precedido por una preposición exigida por el verbo:

El	*rey*	*tirano*	*abusaba*	*de*	*los habitantes.*
				Nexo	SN
Det.	N	CN	N	CR	
S (SN)			P (SV)		

- El SN del complemento de régimen puede sustituirse por pronombres del tipo *eso, aquello, ellos...*:
  - *Santiago desconfía de sus amigos.* > *Santiago desconfía de ellos.*
  - *Mi hija insiste en sus propósitos.* > *Mi hija insiste en eso.*

Comprende, piensa, aplica...

1 Indica la preposición que necesitas para construir una oración con estos verbos: *preocuparse, interesarse, quejarse, atreverse, reírse, dedicarse.*

2 **Analiza** como en el ejemplo los CR de las oraciones siguientes:

El	*periodista*	*insistió*	*en*	*su pregunta.*
			Nexo	SN
Det.	N	N	CR	
S (SN)		P (SV)		

- *Los atletas no renunciaron a sus vacaciones.*
- *Los animales domésticos conviven con sus dueños.*
- *Ana invitó a todos sus compañeros al concierto.*

3 Completa en tu cuaderno las oraciones siguientes con el SN del complemento de régimen:

- *El político insistió en ...*
- *Ese medicamento librará de ...*
- *Esos profesores confían en ...*
- *Esas malas noticias obligaron a ...*

4 Sustituye los CD y los CR de estas oraciones por sus pronombres correspondientes. Observa el ejemplo:

Invitó al cine a sus amigos.
↓
Los (CD) *invitó a eso* (CR).

- *Adecuaron la casa a su incapacidad.*
- *Informó a los asistentes de la decisión.*
- *Comparaba las matemáticas con la música.*

3.2 Los complementos circunstanciales

Los **complementos circunstanciales** (CC) indican las circunstancias en las que se desarrolla el proceso verbal.

En la oración *Los alumnos de Secundaria organizaron una competición en el patio ayer* hay dos complementos circunstanciales, unos de ellos indica lugar *(en el patio)* y el otro, tiempo *(ayer)*.

Por ejemplo:

Los	*alumnos*	*de Secundaria*	*organizaron*	*una competición*	*en el patio*	*ayer.*
DET.	N	CN	N	CD	CC	CC
S (SN)			P (SV)			

Los **complementos circunstanciales** pueden ser **adverbiales** o **no adverbiales**.

Características de los complementos circunstanciales

- Funcionan como complementos circunstanciales un sintagma adverbial o un sintagma nominal precedido normalmente una preposición: *Cantará mañana en el auditorio; Se instala con su novia Eva en Málaga esta semana.*
- En una misma oración pueden aparecer varios tipos de complementos circunstanciales:

Susana	*trabaja*	*los domingos*	*en una pizzería*	*con su hijo.*
N	N	CC (tiempo)	CC (lugar)	CC (compañía)
S (SN)	P (SV)			

Los complementos circunstanciales adverbiales

Los **complementos circunstanciales adverbiales** pueden ser sustituidos por un **adverbio.**

Clases de complementos circunstanciales adverbiales

De **lugar** (CCL)	Indican dónde se produce la acción verbal. Pueden sustituirse por los adverbios *aquí, ahí, allí...: Ocurrió en mi casa. > Ocurrió aquí.*
De **tiempo** (CCT)	Indican cuándo se produce la acción verbal. Pueden sustituirse por los adverbios *entonces, ahora...: Lo dije en mayo. > Lo dije entonces.*
De **modo** (CCM)	Indican cómo se produce la acción verbal. Pueden sustituirse por los adverbios *así, mal, bien...: Lo abrí con mucho cuidado. > Lo abrí así.*
De **cantidad** (CCC)	Cuantifican o indican la intensidad de la acción verbal. Pueden sustituirse por los adverbios *mucho, poco, nada, bastante...,* y por algunos adverbios acabados en *-mente: Se ríe con frecuencia. > Se ríe mucho. > Se ríe frecuentemente.*

Los complementos argumentales y adjuntos

El sujeto, el complemento directo, el complemento indirecto y el complemento de régimen son funciones necesarias para completar el significado del verbo (son **complementos argumentales**); sin embargo, el verbo no necesita la presencia de los complementos circunstanciales, que aportan una información de la que se puede prescindir (son **complementos adjuntos del verbo**).

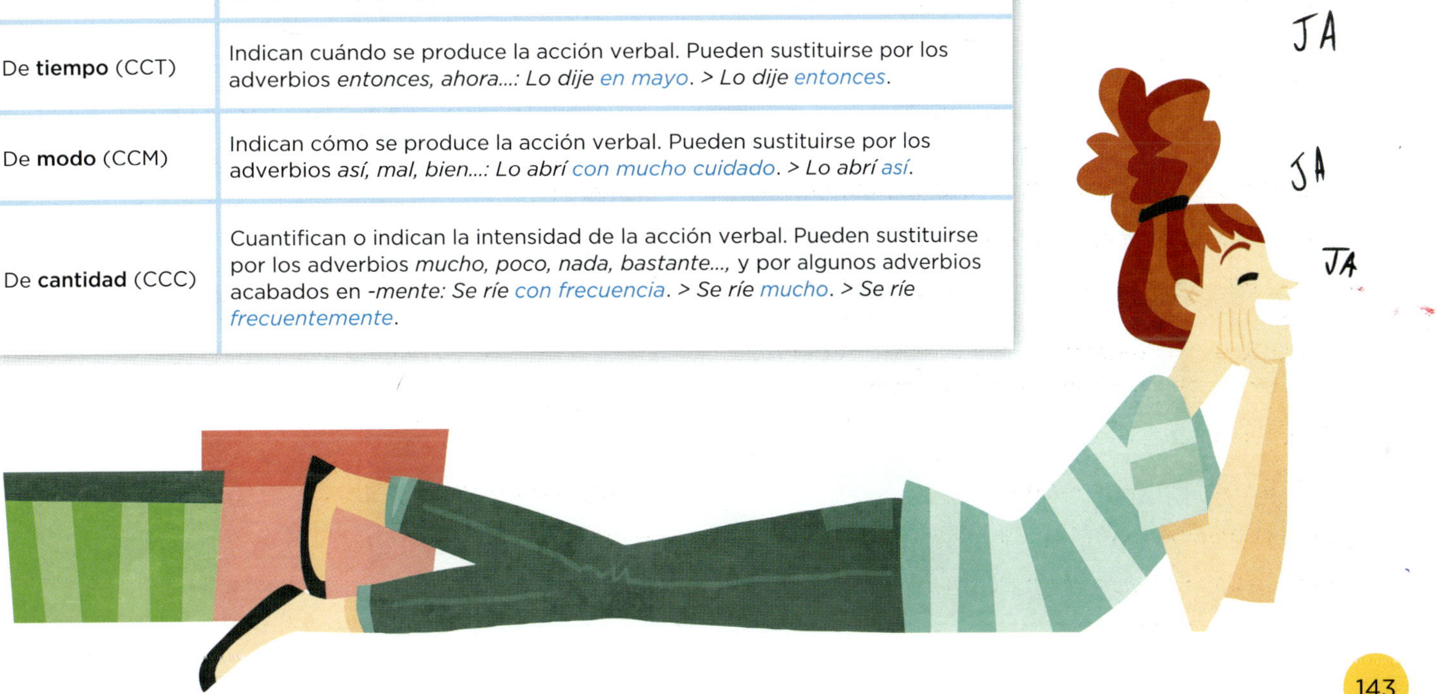

Los complementos circunstanciales no adverbiales

Los **complementos circunstanciales no adverbiales no** pueden ser sustituidos por un **adverbio.**

Clases de complementos circunstanciales no adverbiales	
De **compañía**	Hacen referencia a un ser que acompaña al sujeto en la acción verbal. Se construyen con la preposición *con:* - *Vive con sus padres.* - *Canta con un guitarrista.*
De **instrumento**	Designan un objeto o un utensilio empleado por el sujeto para realizar la acción del verbo: - *Levantaron la viga con una grúa.* - *Araban el campo con su tractor.* - *Los convocaba con un silbato.*
De **medio**	Se refieren a aquello que funciona como canal a través del que se realiza una acción (medio de comunicación o de percepción, un medio de transporte, etc.). Se construyen con las preposiciones *por, con* y *mediante:* - *Lo enviaron por mensajería.* - *Se comunican mediante signos.* - *Se entendieron con los gestos.*
De **materia**	Designan una sustancia empleada en la acción significada por el verbo. Utilizan las preposiciones *con, de...* normalmente unidas a sustantivos no contables: - *Lo construyó con materiales de desecho.* - *Hizo la estatua de bronce.*
De **finalidad**	Expresan un hecho o una acción que sirven de fin u objetivo a lo expresado por el predicado. Utilizan las preposiciones *a* y *para:* - *Reunió el dinero para el regalo.*
De **beneficiario**	Se refieren a un individuo a quien beneficia o perjudica lo que el verbo expresa. Utilizan las preposiciones *para* y *por:* - *He traído este libro para ti.* - *Se sacrifica por sus hijos.*
De **causa**	Expresan la razón que motiva o justifica la acción verbal. Utilizan las preposiciones *por* y *de:* - *Trabajan por necesidad.* - *Saltaba de alegría.*

En la web

Puedes realizar las **actividades interactivas** que encontrarás en «Lengua: La oración».

El pensador, estatua hecha de bronce. Auguste Rodin (siglo XIX).

Comprende, piensa, aplica...

5 **Localiza** los CC adverbiales de las oraciones siguientes y di a qué clase pertenecen:

- *Nadie pasará hambre en este país.*
- *Entraba con cuidado en la habitación.*
- *Las estrellas brillan poco al atardecer.*
- *Nos visitaba los domingos en el parque.*
- *Lo intentaban insistentemente cada día.*
- *Nada sucede de esa forma en la Meseta.*
- *Tu perro ladra muy fuerte por las noches.*
- *La lámpara lucía con fuerza en las afueras.*

6 Sustituye los CC de la actividad anterior por adverbios.

7 Escribe oraciones que contengan CC de lugar y tiempo introducidos por las preposiciones: *en, sobre, bajo, de, desde, por, a, hacia, hasta.*

8 **Diferencia** el CD con *a* y el CC en las siguientes oraciones.

Cómo diferenciar el CD con *a* de un CC

El CD puede sustituirse por un pronombre *(lo, los, la, las)* y el CC, en cambio, no:

Condujeron a los heridos a la enfermería.

Los condujeron a la enfermería. (CD)

- *Llevaron a los niños al zoo.*
- *Llamaron a los compañeros a la salida.*
- *Trasladaron a los turistas a la playa.*

9 Añade a la oración *Javier toca la guitarra* los CC que expresen compañía, lugar, tiempo, modo y causa.

Por ejemplo: *Javier toca la guitarra muy bien.*

10 **Clasifica** los CC de las oraciones siguientes según sean adverbiales o no adverbiales:

- *Estudia con Luis para el examen.*
- *No hablan en público por pudor.*
- *Corren desde la mañana hasta la tarde.*
- *Viajan en tren los lunes y los viernes.*
- *Vendrán hasta nuestra casa con sus amigos.*

11 Identifica el tipo de complementos circunstanciales de las siguientes oraciones:

- *Hablan todas las noches por Skype.*
- *Hicieron el puré con una batidora.*
- *Construyó una estatua con arcilla.*
- *En conserjería dejaron esto para ti.*
- *Cortan el césped con una segadora.*
- *Trabajaba en una fábrica por necesidad.*
- *Escribía sus novelas en papel reciclado.*
- *Vivieron durante toda su vida con unos tíos.*
- *Entonces pintaba con acuarelas sobre cartón.*
- *La avioneta aterrizó a tiempo en la isla.*

12 **Identifica** cuál es el CC y cuál es el CR en las siguientes oraciones:

Recuerda

El CR es un complemento imprescindible para el verbo, mientras que la información que aporta el CC no es necesaria para construir la oración.

- *Se enteró de la noticia de madrugada.*
- *Se queja de su suerte de forma amarga.*
- *Se preocupa por su hermano por su enfermedad.*

Refuerza lo que has aprendido

1 Lee con atención el texto siguiente:

El guía

Aquella noche dormí como un tronco. Cuando desperté, escuché a mi tío hablar en la sala vecina. Me levanté y me apresuré a reunirme con él.

Hablaba en danés con un hombre alto y fornido, con una fortaleza poco común. Sus ojos, a pesar de su cara de ingenuidad, me parecieron inteligentes. Tenía el pelo largo y pelirrojo hasta los hombros.

Estaba plantado allí con los brazos cruzados, inmóvil, observando el parloteo de mi tío sin apenas hacer un gesto.

Aquel personaje flemático y silencioso se llamaba Hans Bjelke y venía por recomendación del señor Fridriksson. Era nuestro futuro guía. No se parecía en nada a mi tío, pero ambos se entendieron a la perfección. Hans se comprometía a guiarnos hasta la aldea de Stapi, en la costa meridional de la península del Sneffels, al mismo pie del volcán. Llevaríamos cuatro caballos, dos para carga y otros dos para nosotros; él iría a pie, según su costumbre.

Julio Verne, *Viaje al centro de la Tierra,* «Clásicos a Medida», Anaya.

2 Trabaja sobre el texto:

a) Señala quiénes son el narrador y los personajes que se citan en el fragmento.

b) **Enumera** tres aspectos del guía que se describan y anota al lado el adjetivo o adjetivos que los califican.

c) ¿A qué se comprometía el guía?

d) Indica por qué son CC los sintagmas subrayados en el texto.

e) Completa en tu cuaderno esta tabla con los sintagmas subrayados correspondientes:

CC de compañía	...
CC de lugar	...
CC de modo	...
CC de tiempo	...
CC de beneficiario	...

3 **Construye** oraciones con estas estructuras:

- Sujeto + N del predicado + CCL + CCT
- Sujeto + N del predicado + CD + CCM
- N del predicado + CC de compañía + CC de finalidad
- Sujeto + N del predicado + CR

4 **Subraya** en tu cuaderno los CR de estas oraciones:

– *Se refirió a aquel oscuro asunto.*

– *Pensábamos en vosotros a todas horas.*

– *No te arrepientas de tus buenas acciones.*

– *Él accedía a sus demandas continuamente.*

– *Mi prima siempre hablaba de cine durante la cena.*

Utiliza adecuadamente la lengua

Organizad un concurso de chistes

Los **chistes** son frases, historias breves o dibujos cuya finalidad es hacer reír.

- Muchos chistes se basan en la exageración; es decir, en la **hipérbole;** y esa desmesura es la que provoca la gracia o la risa. Por ejemplo, fijaos en 1.
- Otros utilizan la **paronomasia,** es decir, palabras que se pronuncian más o menos igual y tienen significados diferentes, como en 2.
- Un recurso muy habitual es el uso de **palabras polisémicas** tal como se ve en 3.

Pasos que debéis seguir

- Agrupaos en parejas y seleccionad un chiste que esté basado en alguno de los recursos lingüísticos que habéis estudiado. También podéis inventarlo.
- Elegid cuál de los dos tiene más gracia contando chistes o hacedlo en pareja. No olvidéis acompañar vuestro chiste de la gesticulación adecuada.
- Contadlo al resto de la clase y agrupad entre todos los chistes según el recurso utilizado.
- Votad los cinco que más os hayan gustado y explicad por qué.

¡Atención!
Hay que descartar los chistes que puedan ser de mal gusto: ofensivos, discriminatorios, crueles...

4 Ortografía: Palabras homófonas con *b* y con *v*

Las actividades de esta página te permitirán escribir correctamente algunas palabras homófonas que se escriben con *b* o con *v:*

Palabras con *b*	Palabras con *v*
basto/a ('sin delicadeza')	**vasto/a** ('extenso/a')
bello ('hermoso')	**vello** ('pelo corto y fino')
bienes ('riquezas')	**vienes** (verbo *venir*)
botar ('saltar')	**votar** ('participar en las elecciones')
cabo ('extensión de terreno que penetra en el mar')	**cavo** (verbo *cavar*)
hierba ('planta')	**hierva** (verbo *hervir*)
rebelar ('desobedecer, sublevar')	**revelar** ('descubrir')
sabia ('que sabe mucho')	**savia** ('líquido de las plantas')
tubo ('objeto cilíndrico')	**tuvo** (verbo *tener*)

A ver/Haber

- **A ver:** está formado por una preposición + el infinitivo del verbo *ver.*
  - *¿Podemos ir a ver esa película?*
  - *¿A ver qué vestido te has puesto?*
- **Haber:** es el infinitivo del verbo *haber.*
  - *Debías de haber estudiado más.*
  - *Por haber llegado tarde, nos castigaron.*

Comprende, piensa, aplica...

1 Copia y completa con la palabra homófona que corresponda:

- *Yo ...* (cabo/cavo) *el jardín mientras tú arreglas el ...* (tubo/tuvo) *del desagüe.*
- *Marta ...* (botaba/votaba) *alegremente por el campo y ...* (tubo/tuvo) *un accidente.*
- *No ...* (rebeló/reveló) *a nadie los ...* (bienes/vienes) *que poseía.*
- *Es un ...* (bello/vello) *paisaje y muy ...* (basto/vasto).
- *Pedro se ...* (rebeló/reveló) *contra su equipo y publicó su estudio sobre la ...* (sabia/savia) *bruta.*
- *Cuando ...* (hierba/hierva) *el agua, añádele las ...* (hierbas/hiervas) *aromáticas.*

2 También son homófonos los siguientes pares de palabras. **Busca en el diccionario** su significado y escribe una oración con cada una de ellas: *balido, valido; nobel, novel; barón, varón.*

3 Escribe un sustantivo derivado del verbo *rebelar* y otro derivado del verbo *revelar*. Escribe una oración con cada palabra derivada.

4 El sustantivo *cabo* tiene varios significados. **Búscalos en el diccionario** y selecciona las tres acepciones que más emplees.

5 **Indica** de qué palabras homófonas provienen estas derivadas:

rebote	*varonil*	*herbáceo*
belleza	*vastedad*	*votación*
novelería	*excavación*	*entubar*

6 Sustituye las palabras subrayadas por otras que signifiquen lo mismo y que contengan *b* o *v.*

- *Los soldados se han sublevado contra el mando.*
- *Aquella inmensa pradera era muy hermosa.*
- *Mi abuela siempre nos decía: «No saltéis encima de la cama, que os podéis caer».*
- *Era una mujer con muchos conocimientos.*

7 Copia y completa en tu cuaderno con *a ver* y *haber.*

- *Debe de ... una salida cerca.*
- *... si vienes pronto esta noche.*
- *Vamos ..., ¿cuántas son cinco por ocho?*
- *Mañana voy a Madrid ... el Museo del Prado.*
- *De no ... estudiado Medicina, habría sido veterinario.*
- *La próxima semana va a ... una barbacoa en casa de los primos.*

Practica con un texto

1 Copia en tu cuaderno el siguiente texto y complétalo con las palabras homófonas correctas. Después, léelo con atención:

sabia	*cavó*	*tuvo*
varón	*tubo*	*barón*
hierba	*bellos*	*bienes*
vastas	*Nobel*	*votando*
botando	*balidos*	*revelaban*

El ... de Monteflor

Mi amigo, el ... de Monteflor, nos reunió en sus ... posesiones de palacio. Los ... jardines estaban adornados con magníficas luces que ... la grandiosidad del lugar y los inmensos ... que poseía mi amigo. El fin de semana se preveía espléndido.

Desde la ventana de mi dormitorio pude observar un gran rebaño de ovejas. Sus ... llegaban hasta mis oídos mientras los animales comían todas la ... que encontraban a su paso. Un joven pastor iba empujando ordenadamente el rebaño hacia el establo mientras las ovejas daban saltos, ... sin parar.

Bajamos todos al jardín, donde nos esperaba un fantástico desayuno. El jardinero ... un agujero en el suelo donde colocó un ... que finalizaba en una gran sombrilla blanca nos defendía del sol. Fue una ... decisión, porque el calor, a pesar de lo temprano de la hora, era inaguantable.

Pude conocer, mientras saboreaba mi café, al último premio ... de Literatura, sobrino de nuestro anfitrión, que resultó un gran conversador, que ... que explicar una y mil veces cómo recibió la noticia de su galardón.

El barón nos propuso varias actividades a cuál más atractiva para pasar esa mañana y acabamos todos ... la que más nos apetecía. Al final, decidimos dar un paseo en barca por un pequeño lago. Nos acompañó el hijo ... de mi amigo.

2 Copia y completa en tu cuaderno con la palabra homófona correcta:

- *Sus palabras ...* (rebelaban/revelaban) *un alto sentido de la responsabilidad.*
- *El fontanero instaló un nuevo ...* (tubo/tuvo).
- *El niño nació con un poquito de ...* (bello/vello) *en los hombros.*
- *La ...* (sabia/savia) *es el alimento de las plantas.*
- *Vierta el contenido en un cazo y ...* (hierba/hierva) *durante diez minutos la comida.*
- *El premio ...* (Nobel/novel) *de Literatura 2015 fue concedido a la periodista bielorrusa Svetlana Alexiévich.*
- *Es todavía una profesora ...* (Nobel/novel), *sin experiencia.*

3 **Escribe** dos oraciones con el infinitivo *haber* y otras dos con las palabras *a ver*.

Mi abuela sabía mucho de plantas: era una mujer *sabia*.

El cartel publicitario

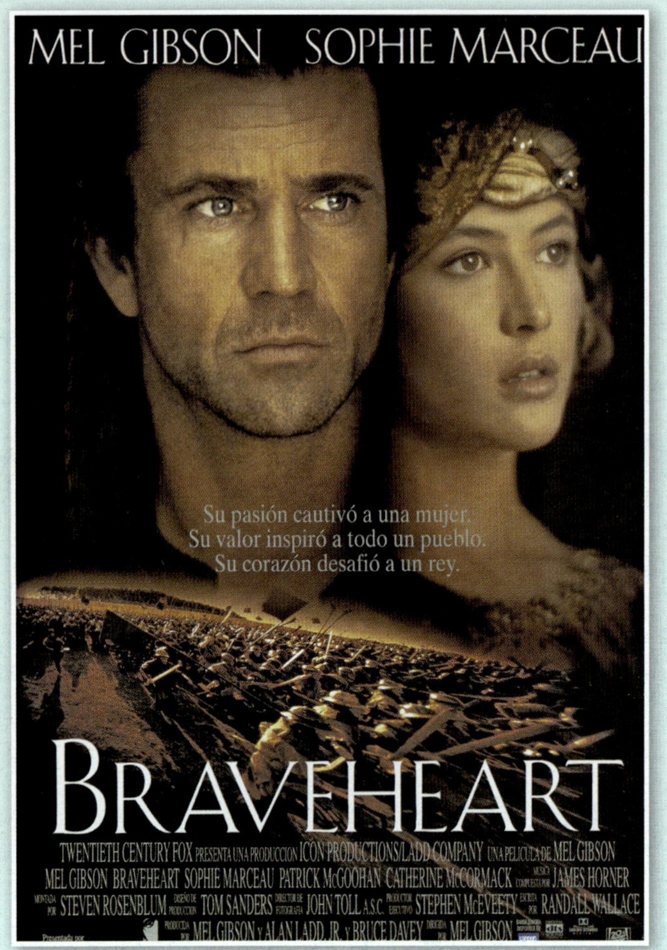

Analiza el cartel

Este cartel publicita la película *Braveheart.*

Observa la imagen:

- ¿Quiénes crees que son los protagonistas?
- ¿Qué relación piensas que hay entre ellos?
- ¿Qué parece anunciar la imagen inferior del cartel?
- ¿Te parece que la historia se desarrolla en el momento actual?
- La imagen muestra un primer plano de dos personas: ¿qué efecto crees que provoca en el espectador?

Analiza los textos:

1 **Busca en un diccionario bilingüe** inglés-castellano el significado de *brave* y *heart*.

2 ¿A qué personaje de los dos que aparecen en la imagen crees que se aplica *«braveheart»?*

3 Lee el texto que aparece en la parte inferior del cartel: ¿qué recurso literario de los que has estudiado se ha utilizado?, ¿a quién crees que se refiere el «su» que aparece tres veces?

4 Después de analizar la imagen y el texto del cartel, indica cuál crees que puede ser el tema de la película.

Cread un cartel publicitario

- Dividid la clase en cuatro grupos, cada uno de los cuales realizará un cartel.

  Podéis elegir entre estas opciones:

  - Un cartel de una película que os guste.
  - Un cartel que anuncie la actuación de un grupo musical.
  - Un cartel que publicite una competición deportiva.
  - Un cartel que anuncie una actividad solidaria de vuestra clase.

Tened en cuenta que:

- Tiene que aparecer una imagen relacionada con el evento o con la película, y esta debe ser motivadora y atractiva. Puede ser una fotografía, una ilustración, etc.
- El título de lo que se anuncie debe verse bien.
- El texto que escribáis debe ser breve y atractivo para el receptor. Podéis utilizar los recursos literarios estudiados en la unidad.

- Exponed los carteles y votad el que más os guste.

Reflexionad

- ¿Cómo ha sido el trabajo en equipo? ¿Habéis conseguido colaborar y participar todos?
- ¿Os gustaría crear carteles para eventos que puedan organizarse en vuestro centro escolar, en vuestro barrio, etc.? ¿A qué precio los venderíais?

Apéndice

CONJUGACIÓN VERBAL

1 El verbo auxiliar: *haber*

2 Modelo de la 1.ª conjugación: *hablar*

3 Modelo de la 2.ª conjugación: *beber*

4 Modelo de la 3.ª conjugación: *vivir*

5 Verbos irregulares: *oler* y *huir*

El verbo auxiliar: *haber*

INFINITIVO	haber
GERUNDIO	habiendo
PARTICIPIO	habido

MODO INDICATIVO

Formas simples

Persona gramatical	Presente	Pretérito imperfecto	Pretérito perfecto simple	Futuro simple	Condicional simple
yo	he	había	hube	habré	habría
tú	has	habías	hubiste	habrás	habrías
él/usted	ha	había	hubo	habrá	habría
nosotros	hemos	habíamos	hubimos	habremos	habríamos
vosotros	habéis	habíais	hubisteis	habréis	habríais
ellos/Uds.	han	habían	hubieron	habrán	habrían

MODO SUBJUNTIVO

Formas simples

Persona gramatical	Presente	Pretérito imperfecto	Futuro simple
yo	haya	hubiera o hubiese	hubiere
tú	hayas	hubieras o hubieses	hubieres
él/usted	haya	hubiera o hubiese	hubiere
nosotros	hayamos	hubiéramos o hubiésemos	hubiéremos
vosotros	hayáis	hubierais o hubieseis	hubiereis
ellos/Uds.	hayan	hubieran o hubiesen	hubieren

MODO IMPERATIVO

he (tú)
habed (vosotros, vosotras)

Nota: En el presente de indicativo, el verbo **haber** tiene una forma especial: **hay,** que no tiene nunca sujeto. Por ejemplo, «¿Hay manzanas?».

Modelo de la 1.ª conjugación: *hablar*

INFINITIVO	hablar
GERUNDIO	hablando
PARTICIPIO	hablado

MODO INDICATIVO

Persona gramatical	Formas simples	Formas compuestas
	Presente	**Pretérito perfecto compuesto**
yo	hablo	he hablado
tú	hablas	has hablado
él/usted	habla	ha hablado
nosotros	hablamos	hemos hablado
vosotros	habláis	habéis hablado
ellos/Uds.	hablan	han hablado
	Pretérito imperfecto	**Pretérito pluscuamperfecto**
yo	hablaba	había hablado
tú	hablabas	habías hablado
él/usted	hablaba	había hablado
nosotros	hablábamos	habíamos hablado
vosotros	hablabais	habíais hablado
ellos/Uds.	hablaban	habían hablado
	Pretérito perfecto simple	**Pretérito anterior**
yo	hablé	hube hablado
tú	hablaste	hubiste hablado
él/usted	habló	hubo hablado
nosotros	hablamos	hubimos hablado
vosotros	hablasteis	hubisteis hablado
ellos/Uds.	hablaron	hubieron hablado
	Futuro simple	**Futuro compuesto**
yo	hablaré	habré hablado
tú	hablarás	habrás hablado
él/usted	hablará	habrá hablado
nosotros	hablaremos	habremos hablado
vosotros	hablaréis	habréis hablado
ellos/Uds.	hablarán	habrán hablado
	Condicional simple	**Condicional compuesto**
yo	hablaría	habría hablado
tú	hablarías	habrías hablado
él/usted	hablaría	habría hablado
nosotros	hablaríamos	habríamos hablado
vosotros	hablaríais	habríais hablado
ellos/Uds.	hablarían	habrían hablado

MODO SUBJUNTIVO

Persona gramatical	Formas simples	Formas compuestas
	Presente	**Pretérito perfecto compuesto**
yo	hable	haya hablado
tú	hables	hayas hablado
él/usted	hable	haya hablado
nosotros	hablemos	hayamos hablado
vosotros	habléis	hayáis hablado
ellos/Uds.	hablen	hayan hablado
	Pretérito imperfecto	**Pretérito pluscuamperfecto**
yo	hablara o hablase	hubiera o hubiese hablado
tú	hablaras o hablases	hubieras o hubieses hablado
él/usted	hablara o hablase	hubiera o hubiese hablado
nosotros	habláramos o hablásemos	hubiéramos o hubiésemos hablado
vosotros	hablarais o hablaseis	hubierais o hubieseis hablado
ellos/Uds.	hablaran o hablasen	hubieran o hubiesen hablado
	Futuro simple	**Futuro compuesto**
yo	hablare	hubiere hablado
tú	hablares	hubieres hablado
él/usted	hablare	hubiere hablado
nosotros	habláremos	hubiéremos hablado
vosotros	hablareis	hubiereis hablado
ellos/Uds.	hablaren	hubieren hablado

MODO IMPERATIVO

habla (tú)
hablad (vosotros, vosotras)

Modelo de la 2.ª conjugación: *beber*

INFINITIVO	beber
GERUNDIO	bebiendo
PARTICIPIO	bebido

MODO INDICATIVO

Persona gramatical	Formas simples	Formas compuestas
	Presente	**Pretérito perfecto compuesto**
yo	bebo	he bebido
tú	bebes	has bebido
él/usted	bebe	ha bebido
nosotros	bebemos	hemos bebido
vosotros	bebéis	habéis bebido
ellos/Uds.	beben	han bebido
	Pretérito imperfecto	**Pretérito pluscuamperfecto**
yo	bebía	había bebido
tú	bebías	habías bebido
él/usted	bebía	había bebido
nosotros	bebíamos	habíamos bebido
vosotros	bebíais	habíais bebido
ellos/Uds.	bebían	habían bebido
	Pretérito perfecto simple	**Pretérito anterior**
yo	bebí	hube bebido
tú	bebiste	hubiste bebido
él/usted	bebió	hubo bebido
nosotros	bebimos	hubimos bebido
vosotros	bebisteis	hubisteis bebido
ellos/Uds.	bebieron	hubieron bebido
	Futuro simple	**Futuro compuesto**
yo	beberé	habré bebido
tú	beberás	habrás bebido
él/usted	beberá	habrá bebido
nosotros	beberemos	habremos bebido
vosotros	beberéis	habréis bebido
ellos/Uds.	beberán	habrán bebido
	Condicional simple	**Condicional compuesto**
yo	bebería	habría bebido
tú	beberías	habrías bebido
él/usted	bebería	habría bebido
nosotros	beberíamos	habríamos bebido
vosotros	beberíais	habríais bebido
ellos/Uds.	beberían	habrían bebido

MODO SUBJUNTIVO

Formas simples	Formas compuestas
Presente	**Pretérito perfecto compuesto**
beba	haya bebido
bebas	hayas bebido
beba	haya bebido
bebamos	hayamos bebido
bebáis	hayáis bebido
beban	hayan bebido
Pretérito imperfecto	**Pretérito pluscuamperfecto**
bebiera o bebiese	hubiera o hubiese bebido
bebieras o bebieses	hubieras o hubieses bebido
bebiera o bebiese	hubiera o hubiese bebido
bebiéramos o bebiésemos	hubiéramos o hubiésemos bebido
bebierais o bebieseis	hubierais o hubieseis bebido
bebieran o bebiesen	hubieran o hubiesen bebido
Futuro simple	**Futuro compuesto**
bebiere	hubiere bebido
bebieres	hubieres bebido
bebiere	hubiere bebido
bebiéremos	hubiéremos bebido
bebiereis	hubiereis bebido
bebieren	hubieren bebido

MODO IMPERATIVO

bebe (tú)
bebed (vosotros, vosotras)

Modelo de la 3.ª conjugación: *vivir*

INFINITIVO	vivir
GERUNDIO	viviendo
PARTICIPIO	vivido

MODO INDICATIVO

Persona gramatical	Formas simples	Formas compuestas
	Presente	**Pretérito perfecto compuesto**
yo	vivo	he vivido
tú	vives	has vivido
él/usted	vive	ha vivido
nosotros	vivimos	hemos vivido
vosotros	vivís	habéis vivido
ellos/Uds.	viven	han vivido
	Pretérito imperfecto	**Pretérito pluscuamperfecto**
yo	vivía	había vivido
tú	vivías	habías vivido
él/usted	vivía	había vivido
nosotros	vivíamos	habíamos vivido
vosotros	vivíais	habíais vivido
ellos/Uds.	vivían	habían vivido
	Pretérito perfecto simple	**Pretérito anterior**
yo	viví	hube vivido
tú	viviste	hubiste vivido
él/usted	vivió	hubo vivido
nosotros	vivimos	hubimos vivido
vosotros	vivisteis	hubisteis vivido
ellos/Uds.	vivieron	hubieron vivido
	Futuro simple	**Futuro compuesto**
yo	viviré	habré vivido
tú	vivirás	habrás vivido
él/usted	vivirá	habrá vivido
nosotros	viviremos	habremos vivido
vosotros	viviréis	habréis vivido
ellos/Uds.	vivirán	habrán vivido
	Condicional simple	**Condicional compuesto**
yo	viviría	habría vivido
tú	vivirías	habrías vivido
él/usted	viviría	habría vivido
nosotros	viviríamos	habríamos vivido
vosotros	viviríais	habríais vivido
ellos/Uds.	vivirían	habrían vivido

MODO SUBJUNTIVO

Persona gramatical	Formas simples	Formas compuestas
	Presente	**Pretérito perfecto compuesto**
yo	viva	haya vivido
tú	vivas	hayas vivido
él/usted	viva	haya vivido
nosotros	vivamos	hayamos vivido
vosotros	viváis	hayáis vivido
ellos/Uds.	vivan	hayan vivido
	Pretérito imperfecto	**Pretérito pluscuamperfecto**
yo	viviera o viviese	hubiera o hubiese vivido
tú	vivieras o vivieses	hubieras o hubieses vivido
él/usted	viviera o viviese	hubiera o hubiese vivido
nosotros	viviéramos o viviésemos	hubiéramos o hubiésemos vivido
vosotros	vivierais o vivieseis	hubierais o hubieseis vivido
ellos/Uds.	vivieran o viviesen	hubieran o hubiesen vivido
	Futuro simple	**Futuro compuesto**
yo	viviere	hubiere vivido
tú	vivieres	hubieres vivido
él/usted	viviere	hubiere vivido
nosotros	viviéremos	hubiéremos vivido
vosotros	viviereis	hubiereis vivido
ellos/Uds.	vivieren	hubieren vivido

MODO IMPERATIVO

vive (tú)
vivid (vosotros, vosotras)

El verbo irregular: *oler*

INFINITIVO	oler
GERUNDIO	oliendo
PARTICIPIO	olido

MODO INDICATIVO

Persona gramatical	Formas simples	Formas compuestas
	Presente	**Pretérito perfecto compuesto**
yo	huelo	he olido
tú	hueles	has olido
él/usted	huele	ha olido
nosotros	olemos	hemos olido
vosotros	oléis	habéis olido
ellos/Uds.	huelen	han olido
	Pretérito imperfecto	**Pretérito pluscuamperfecto**
yo	olía	había olido
tú	olías	habías olido
él/usted	olía	había olido
nosotros	olíamos	habíamos olido
vosotros	olíais	habíais olido
ellos/Uds.	olían	habían olido
	Pretérito perfecto simple	**Pretérito anterior**
yo	olí	hube olido
tú	oliste	hubiste olido
él/usted	olió	hubo olido
nosotros	olimos	hubimos olido
vosotros	olisteis	hubisteis olido
ellos/Uds.	olieron	hubieron olido
	Futuro simple	**Futuro compuesto**
yo	oleré	habré olido
tú	olerás	habrás olido
él/usted	olerá	habrá olido
nosotros	oleremos	habremos olido
vosotros	oleréis	habréis olido
ellos/Uds.	olerán	habrán olido
	Condicional simple	**Condicional compuesto**
yo	olería	habría olido
tú	olerías	habrías olido
él/usted	olería	habría olido
nosotros	oleríamos	habríamos olido
vosotros	oleríais	habríais olido
ellos/Uds.	olerían	habrían olido

MODO SUBJUNTIVO

Formas simples	Formas compuestas
Presente	**Pretérito perfecto compuesto**
huela	haya olido
huelas	hayas olido
huela	haya olido
olamos	hayamos olido
oláis	hayáis olido
huelan	hayan olido
Pretérito imperfecto	**Pretérito pluscuamperfecto**
oliera u oliese	hubiera o hubiese olido
olieras u olieses	hubieras o hubieses olido
oliera u oliese	hubiera o hubiese olido
oliéramos u oliésemos	hubiéramos o hubiésemos olido
olierais u olieseis	hubierais o hubieseis olido
olieran u oliesen	hubieran o hubiesen olido
Futuro simple	**Futuro compuesto**
oliere	hubiere olido
olieres	hubieres olido
oliere	hubiere olido
oliéremos	hubiéremos olido
oliereis	hubiereis olido
olieren	hubieren olido

MODO IMPERATIVO

huele (tú)
oled (vosotros, vosotras)

El verbo irregular: *huir*

INFINITIVO	huir
GERUNDIO	huyendo
PARTICIPIO	huido

MODO INDICATIVO

Persona gramatical	Formas simples	Formas compuestas
	Presente	**Pretérito perfecto compuesto**
yo	huyo	he huido
tú	huyes	has huido
él/usted	huye	ha huido
nosotros	huimos	hemos huido
vosotros	huis	habéis huido
ellos/Uds.	huyen	han huido
	Pretérito imperfecto	**Pretérito pluscuamperfecto**
yo	huía	había huido
tú	huías	habías huido
él/usted	huía	había huido
nosotros	huíamos	habíamos huido
vosotros	huíais	habíais huido
ellos/Uds.	huían	habían huido
	Pretérito perfecto simple	**Pretérito anterior**
yo	hui	hube huido
tú	huiste	hubiste huido
él/usted	huyó	hubo huido
nosotros	huimos	hubimos huido
vosotros	huisteis	hubisteis huido
ellos/Uds.	huyeron	hubieron huido
	Futuro simple	**Futuro compuesto**
yo	huiré	habré huido
tú	huirás	habrás huido
él/usted	huirá	habrá huido
nosotros	huiremos	habremos huido
vosotros	huiréis	habréis huido
ellos/Uds.	huirán	habrán huido
	Condicional simple	**Condicional compuesto**
yo	huiría	habría huido
tú	huirías	habrías huido
él/usted	huiría	habría huido
nosotros	huiríamos	habríamos huido
vosotros	huiríais	habríais huido
ellos/Uds.	huirían	habrían huido

MODO SUBJUNTIVO

Persona gramatical	Formas simples	Formas compuestas
	Presente	**Pretérito perfecto compuesto**
yo	huya	haya huido
tú	huyas	hayas huido
él/usted	huya	haya huido
nosotros	huyamos	hayamos huido
vosotros	huyáis	hayáis huido
ellos/Uds.	huyan	hayan huido
	Pretérito imperfecto	**Pretérito pluscuamperfecto**
yo	huyera o huyese	hubiera o hubiese huido
tú	huyeras o huyeses	hubieras o hubieses huido
él/usted	huyera o huyese	hubiera o hubiese huido
nosotros	huyéramos o huyésemos	hubiéramos o hubiésemos huido
vosotros	huyerais o huyeseis	hubierais o hubieseis huido
ellos/Uds.	huyeran o huyesen	hubieran o hubiesen huido
	Futuro simple	**Futuro compuesto**
yo	huyere	hubiere huido
tú	huyeres	hubieres huido
él/usted	huyere	hubiere huido
nosotros	huyéremos	hubiéremos huido
vosotros	huyereis	hubiereis huido
ellos/Uds.	huyeren	hubieren huido

MODO IMPERATIVO

huye (tú)
huid (vosotros, vosotras)